SHUOBINGLUNDAO

智为致胜 谋赢天下

说兵论道

王翼成 著

西北大学出版社

图书在版编目(CIP)数据

说兵论道:智为致胜 谋赢天下 / 王翼成著. —西安:西北大学出版社,2015.12

ISBN 978-7-5604-3813-9

Ⅰ.①说… Ⅱ.①王… Ⅲ.①兵法—研究—中国—古代 Ⅳ.①E892.2

中国版本图书馆 CIP 数据核字(2015)第 307889 号

说兵论道

智为致胜 谋赢天下

作　　者: 王翼成　著

出版发行: 西北大学出版社

销售电话: 029－88302590

地　　址: 西安市太白北路 229 号(邮编:710069)

网　　址: http://nwupress.nwu.edu.cn

经　　销: 新华书店经销

印　　刷: 陕西向阳印务有限公司

开　　本: 889 毫米×1194 毫米　1/32

印　　张: 9

字　　数: 200 千字

版　　次: 2016 年 1 月第 1 版　2016 年 1 月第 1 次印刷

书　　号: ISBN 978-7-5604-3813-9

定　　价: 28.00 元

《说兵论道》是我继《论语说什么》《道德经说什么》《周易说什么》之后记录自己学习心得的新尝试，构成我自己《传统文化经典现代解读》系列中的一个部分。

《说兵论道》具体内容是解读《孙子兵法》《将苑》《黄石公三略》这三部经典。之所以称为“说兵论道”，是因为这三部经典尽管篇幅长短不一，甚至有些真伪莫辨，但都是中国古代著名的兵书，其作者以自己独到的见解，从各个不同的侧面和角度阐释了对兵战的深刻认识；同时，他们谈论兵战问题所阐释的道理，穿越历史长河，成为现代组织管理中可资借鉴的宝贵思想。概括来说，从他们的谈兵论战中我们可以感悟管理之道。

《孙子兵法》是我国现存最早的古代军事名著，作者是春秋末期齐国人孙武，全书共十三篇，在揭示一些具有普遍意义的军事规律的同时，又能超越一般军事著作就兵战谈兵战的局限，上升到国家政治的高度和哲学层面来认识战争、分析战争。正是这样的卓尔不凡，既奠定了《孙子兵法》在中国传统文化经典中不可撼动、无法超越的兵家鼻祖的位置，又使之成为一部不朽的哲学思想论著。

今天，孙武在其兵法中提到的“知彼知己，百战不殆”的思想观点早已深入人心，成为人们行动时遵循的基本法则；其“不战而屈人之兵”的境界往往成为人们致力追求的完美结局；其“上兵伐谋，其次伐交，其次伐兵”的用兵之法常常成为人们战胜对手的策略选择；

其“经之以五事”“未战而庙算”“知胜有五”的论述，成为人们在实践中对事情进行预测和可行性分析的重要指导原则；其“将有五危”“君之所以患于军者三”等观点，成为防范管理工作失误的重要借鉴。

军事家不讳言战争，但不以战争为乐，不是好战之徒。在孙武看来，战争从来都是残酷的，一是会造成大量的人员伤亡（“死生之地，存亡之道”），二是要损耗大量的社会财富（“日费千金”），因此，孙武的态度和观点是，面对战争“不可不察”，不可不慎。他不主张穷兵黩武的慎战思维，才使得他能够站在政治的高点，从整个社会的视野剖析战争。当战争不可避免，非战不可的时候，孙武强调在战争中尽可能不要把对手斩尽杀绝，他致力于追求用最小的毁灭力量谋求最大的完胜结局，所谓“全国为上，破国次之”。

今天的人们习惯于说“商场如战场”，这一论点往往忽略了商场与战场的本质区别。战场上的较量是你死我活，兵战以消灭对方或最起码以打败对方为目的，而商战则是以发展自己为目的。意识到这一点，把《孙子兵法》的思想观点应用于现代组织管理才会有普遍的指导意义和可资借鉴的科学价值。

比如，孙武强调战前分析的重要性，指出可以从“主孰有道？将孰有能？天地孰得？法令孰行？兵众孰强，士卒孰练？赏罚孰明？”等七个方面的优劣比较中预判胜负，这是“知彼知己，百战不殆”思想观念在实际工作中的具体化。

又比如，孙武强调“兵闻拙速，未睹巧之久”，一旦采取军事行动，就必须力争做到用最快的速度、最短的时间和最小的代价夺取战争的胜利，因为“夜长梦多”，久则生变，“钝兵挫锐，屈力殚货，则诸侯乘其弊而起，虽有智者，不能善其后”。

再比如，孙武强调“善战者，先为不可胜，以待敌之可胜”。面对激烈、残酷的竞争，首先要让自己处于不可被战胜的状态，然后再寻找和利用对方可以被战胜的机会。这一思想观点，正是今天企业面对市场竞争时应当确立的基本认识。只有自己不可被战胜，才有可能战胜对手。那种置自己安危于不顾而一心想战胜对手的做法，就是孙武所谓“败兵先战而后求胜”，取胜的把握微乎其微。

再比如，孙武明确提出“主不可以怒而兴师，将不可以愠而致战”，因为心火如魔，任何冲动之举都注定要付出沉痛的代价，刘备讨东吴为关羽报仇本就是严重的战略决策失误，又是在情绪激动的非正常状态下做出的，其最终惨败并丧命的结果正好印证了孙武的这一观点。所以，孙武提出的“合于利而动，不合于利而止”的观点，应该成为组织重大决策的最高原则。

《将苑》又名《心书》，相传是诸葛亮所撰，是我国古代兵书中难得一见的专论为将之道的奇书，全书五十篇，五千余字，主旨皆在阐释“为将之道”。尽管有学者指出此书乃假托诸葛亮之名，属于伪书，但这并不影响我们对其内容所达到的高度的敬重和认可。

《将苑》所论，有明显借鉴《孙子兵法》等多部兵战名著的痕迹，但其以“为将之道”为主旨，比较全面系统地阐述了将领所应具备的各种品质、修养、能力和素质，以及应该防止的弊端和应该杜绝的恶习，堪称古代论述为将之道的集大成之作。该书所揭示的为将者应有的道德修养、个人素质、用人之道，以及如何正确处理与君主的关系、如何实施严格的制度化管理等基本问题，相当于构建了“领导科学”体系的完整框架。

《将苑》所论为将者当以“高节，孝弟，信义，沈虑，力行”为“五

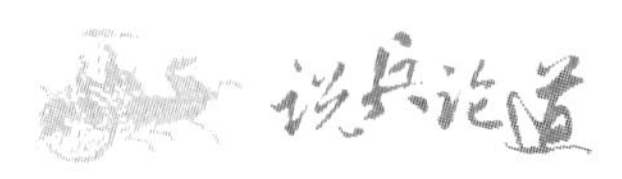

强”;应能避免和杜绝“谋不能料是非,礼不能任贤良,政不能正刑法,富不能济穷厄,智不能备未形,虑不能防微密,达不能举所知,败不能无怨谤”之八恶;要特别注意“贪而无厌,妒贤嫉能,信谗好佞,料彼不自料,犹豫不自决,荒淫于酒色,奸诈而自怯,狡言而不以礼”等八弊,在今天依然具有十分重要的现实意义。

《将苑》围绕识人、用人、待人,分别阐述了行之有效的原则和方法,为我们今天解决相关问题提供了难能可贵的借鉴。

《黄石公三略》也是中国古代的一部著名兵书,与《六韬》齐名,相传是秦末汉初五大隐士之一黄石公所著。据说黄石公曾点化张良,终使其得以辅佐刘邦成就大业。《黄石公三略》也叫《三略》,与其他兵书不同,该书兼采众家之长,而又自成体系,侧重于从政治策略上阐明治国用兵的道理,是我国古代第一部专门从战略上论兵的兵书,具有丰富的思想内容。

“为国之道,恃贤与民。”群众是真正的英雄,人才是重要的力量,这一观点出自《三略》。

“治国安家,得人也;亡国破家,失人也。”得人心者得天下,失人心者事不成,这一观点出自《三略》。

“用人之道,尊以爵,赡以财,则士自来。接以礼,励以义,则士死之。”不仅要用事业留人,用待遇留人,更要用情感留人,用精神留人,这一观点出自《三略》。

“主不可以无德,无德则臣叛;不可以无威,无威则失权。”身为领导,既要有人格魅力,又要能施威用权,这一观点出自《三略》。

“圣人体天,贤者法地,智者师古。”高明的领导既能道法自然,又善于借鉴历史的经验教训,这一观点出自《三略》。

“贤人之政，降人以体；圣人之政，降人以心。”实行制度化管理，既要能管控人的行为，更要能影响人的思想，这一观点出自《三略》。

类似的思想观点在《三略》中还有很多，这里不一一赘述。

《说兵论道》解读这三本兵书，采用了逐段翻译、逐段阐释心得的方式，原文翻译参考借鉴了其他人的成果，并力求准确而活泼，心得阐释则是个人一己之见，力求画龙点睛，希望用尽可能少的文字概括其精华所在。这样做的目的就是给读者留出广阔的想象空间，在阅读的时候能不断激活自己的思维，举一反三，有更丰富的感悟和心得。

愿我的这一想法、做法能得到大家的认可。

是为序。

西北大学　王翼成

2015 年秋

【目　录】

CATALOGUE

《将苑》卷二

黄石公三略

上略

中略

孙子兵法

始计第一

【原 文】

孙子曰：兵者，国之大事，死生之地，存亡之道，不可不察也。

【译 文】

孙武说：战争，是国家的头等大事，战争关乎民众生死，决定国家存亡，对此不能不认真审慎地对待。

【点睛之笔】

战争从来不是儿戏，也不是游戏，既不可以任意戏耍，又不可以重来一次。战争的过程往往是惨烈的，战争的结果常常是严酷的，老百姓因为战争而生灵涂炭，大好河山因为战争而满目疮痍，江山社稷因为战争而国破家亡。

慎战思维是《孙子兵法》的一大特点，也是孙武兵战思想高度的反映。

慎战，简言之就是不惹事，不怕事，做好自己的事。

不惹事，就是奉行和平主义，走和平发展的道路，就是以邻为友、与邻为善，就是遵循天下大同的理念，构建和谐世界。

不怕事，就是自己不向他人开第一枪，但也不允许他人向自己开第二枪。就是“人不犯我，我不犯人；人若犯我，我必犯人”。

就是在大是大非面前坚守自己的原则。

做好自己的事,这是不怕事的基础。立足于发展壮大自己,提升自己的综合实力与核心竞争力,才可以不怕别人惹事。

生死存亡之道,不可不察,不可不明,不可不慎。

战场、商场、生意场,皆是生死之场;

兵道、商道、为政之道,皆是存亡之道。

跟别人过不去,应该争气而不是赌气;

跟自己过不去,应该强素质练内功。

【原 文】

故经之以五事,校之以计,而索其情:一曰道,二曰天,三曰地,四曰将,五曰法。道者,令民与上同意,可与之死,可与之生,而不危也;天者,阴阳、寒暑、时制也;地者,远近、险易、广狭、死生也;将者,智、信、仁、勇、严也;法者,曲制、官道、主用也。凡此五者,将莫不闻,知之者胜,不知之者不胜。

【译 文】

所以应该从以下五个方面来研究,通过比较双方的基本条件和具体状态来探讨战争胜负的情形:一是“道”,二是“天”,三是“地”,四是“将”,五是“法”。所谓“道”,就是使民众与君主的思想一致,意志统一,这样,民众就能与君主同生死、共患难,誓死效命,毫无二心。所谓“天”,就是天气的阴晴,气候的寒暑,四季节令的更替变化等。所谓“地”,是指路程的远近,地势的险峻或平易,战地的宽广或狭窄,是死地还是生地等。所谓“将”,就是将

领们应该具备智慧才能、赏罚有信、仁爱士卒、勇敢果断、军纪严明五种素质。所谓“法”，是指部队的组织编制、军官的职责规定和军需物资的供应管理制度等。这五个方面，将领们没有谁不知道，但只有透彻掌握了的人才能取胜，没有透彻掌握的人则不能取胜。

【点睛之笔】

领导者应该具备孙武那样掌握系统分析、高度概括的能力，那是真本事；

当领导，就应当会动脑子，有眼光，有分析，有认识，有办法；

不靠侥幸取胜，也不靠运气躲过劫难，要把取胜建立在理性分析的基础之上。

团队建设，一个很重要的任务就是提振团队的精气神，因为团结就是力量，万众一心，众志成城；

既然要大家团结在领导周围，领导就不能脱离群众而高高在上；只有坚定地相信群众、动员群众，才能够团结群众、依靠群众，要时刻牢记群众是真正的英雄，是我们事业发展的力量源泉；

脱离群众的领导不可能有凝聚力，迟早要被群众所抛弃；

谋事在人，成事在天，万事俱备，只欠东风，那肯定成不了事；

领导者要有“气候意识”“环境意识”“机会意识”。政策就是最大的气候，就是最大的环境，就是最大的机会。利用好政策，就是把握时机。

位置决定作为，领导者要给自己准确定位，“到什么山上唱什么歌”，用作为影响位置；

领导者要始终清醒地对待三个问题:我是谁?我在哪里?我要到哪里去?

寻求对自身有利的“游戏规则”就是得“地利”;学会将自身优势、核心竞争力与市场需求紧密结合,才有可能“占山为王”。

孙武提出的“将有五德”,无疑给领导者提升自我、完善自我指明了道路方向:

做智慧型领导,善于动脑,面对工作中的问题,有认识、有办法;

做有威信的领导,言而有信,取信于民,信守诺言,不忽悠;

做有爱心的领导,有人情味,真君子、大丈夫,富有个人魅力;

做敢于担当的领导,面对困难,敢于出手,面对挑战,敢于负责;

做守规矩的领导,任何时候都按照程序规章和原则制度办事。

领导者要关注团队管理的制度建设,确保规章制度全面有效、科学合理;

制度建设要确保行为有章可循、权力职责分明、利益保障有力。

【原 文】

故校之以计,而索其情,曰:主孰有道?将孰有能?天地孰得?法令孰行?兵众孰强?士卒孰练?赏罚孰明?吾以此知胜负矣。将听吾计,用之必胜,留之;将不听吾计,用之必败,去之。

【译 文】

不仅如此，还要通过比较双方的具体条件来探究战争胜负的情形。这些条件包括：哪一方君主更贤明有道？哪一方将领更有才能？天时、地利对哪一方更有利？军中法令哪一方执行得更好？哪一方兵力更强大？哪一方士兵更训练有素？哪一方奖赏与惩罚更严明？我凭着对这些情况的分析比较，就可知道战争胜负的情形了。如果您能接受我的军事思想，让我领兵作战一定胜利，我就留下；如果您不能接受我的军事思想，让我领兵作战必定失败，我就离开。

【点睛之笔】

孙武“五事”之论，重在阐述团队内部建设，而“七计”之论，重在揭示团队之间的横向比较。

要想在对外竞争中取得胜利，就应当确保自身团队在七个方面胜人一筹：

团队上下具有更强的凝聚力；

团队干部具有更高的能力水平；

团队行动占据天时地利；

组织运行更程序化，制度规章得以顺利执行；

团队成员具有更加旺盛的斗志，战斗力强；

员工训练有素，业务精通；

制度管理全面、到位，执行制度不打折扣，赏罚分明。

组织管理就应当号令统一、步调一致，不允许“异动”现象存在。

【原 文】

计利以听，乃为之势，以佐其外。势者，因利而制权也。兵者，诡道也。故能而示之不能，用而示之不用，近而示之远，远而示之近。利而诱之，乱而取之，实而备之，强而避之，怒而挠之，卑而骄之，佚而劳之，亲而离之。攻其无备，出其不意。此兵家之胜，不可先传也。

【译 文】

有利的军事计策已经被采纳接受，还要设法造势，以辅助作战行动的有效进行。所谓军事上的造势，就是在战争瞬息万变的情况下，抓住有利时机而采取恰当的应变行动。用兵打仗本身就是诡诈的行为，所以，自己的“能”要使敌人以为“不能”，自己的“所用”要让敌人看作“不用”，自己“近在咫尺”要让敌人以为“远在天边”，而自己“远在天边”要让敌人感觉到“近在眼前”。敌人贪利，就诱之以利而消灭他；敌人混乱，就抓紧时机消灭他；敌人实力雄厚，则须严阵以待；敌人精锐强大，就要注意避开他的锋芒；敌人暴躁易怒，就要想办法激怒他，使其失去理智；敌人小心谨慎，要设法使他骄傲起来；敌人休整充分，要设法使其疲于奔命；敌人内部和睦，就想办法挑拨离间其关系。要在敌人没有准备的情况下进攻，在敌人意想不到的时候出击。这些都是军事家用兵取胜的奥秘，却是不可事先规定或说明的。

【点睛之笔】

正确的战略还需要正确的战术来实现,只有根据具体的实际情况采取灵活恰当的行动,才会有预期的结果。

动物世界里常有一些弱小者用"虚张声势"之举逃避被吃掉的厄运。当别人进行挑衅而你没有完全准备好的时候,适当采用一些"欺诈"的做法,不失为自保的最好选择,这就是"造势"。

声东击西,无中生有,以假乱真,都是为了使自己的利益不被对手侵占而采取的保护性防御之举,这是"造势"的一重含义,这种做法只适合用来迷惑对手,而不可用于自己的服务对象。

为了取胜,则可以选择有针对性的进攻策略,以使对手发生状态逆转,这是"造势"的又一重含义。

"攻其无备,出其不意"不仅是兵家取胜之道,也是现代市场竞争的致胜之道;"攻其无备,出其不意",关键不在于"攻"之举和"出"之招,而在于是否找到了对手的"无备"之处和"不意"之所。

【原 文】

夫未战而庙算胜者,得算多也;未战而庙算不胜者,得算少也。多算胜,少算不胜,而况于无算乎!吾以此观之,胜负见矣。

【译 文】

尚未开战而在"庙算"分析中认为能取胜的,是因为我方具备的致胜条件多;尚未开战而在"庙算"分析中认为不能取胜的,是因为我方具备的致胜条件少。分析周密、致胜条件多，胜算的可能性就大；分析不周密、制胜条件少，取胜的把握就小，何况一个致胜条件也不具备呢？我从这些对比分析来看，胜负的情形就得出来了！

【点睛之笔】

行动之前做可行性分析和不可行性分析，是领导者的基本功；

庙算之举，是朴素而科学的分析方法，值得借鉴。

可行性分析和不可行性分析，都要既分析有利因素，又要直面不利因素，现代管理学强调“SWOT 分析”，与孙武所言“庙算”异曲同工；

不因可行而忽视不利因素的存在和影响，也不因不可行而看不到有利因素的价值；

越是计划赶不上变化快，越要谋定而后动。

作战第二

【原 文】

孙子曰：凡用兵之法，驰车千驷，革车千乘，带甲十万，千里馈粮。则内外之费，宾客之用，胶漆之材，车甲之奉，日费千金，然后十万之师举矣。

【译 文】

孙武说：从作战常规来说，凡兴兵打仗，出动战车千乘，运输车千辆，统兵十万，千里转运粮草，内外的日常开支、使者往来的费用、修缮武器用的胶漆、战车盔甲所需的保养等等，每天要耗费千金，做好这些准备，十万大军才能出动。

【点睛之笔】

打仗不仅是玩命，还是烧钱！

没有足够的本钱，不要轻易挑起战争。

经营企业需要有成本意识，价格战、促销战、公关战、研发战无不以雄厚的资金做后盾；

机会成本看取舍之智，边际成本看进退之策，沉淀成本看得失心态，财务成本看结果优劣。

【原 文】

其用战也胜，久则钝兵挫锐，攻城则力屈，久暴师则国用不足。夫钝兵挫锐，屈力殚货，则诸侯乘其弊而起，虽有智者不能善其后矣。故兵闻拙速，未睹巧之久也。夫兵久而国利者，未之有也。故不尽知用兵之害者，则不能尽知用兵之利也。

【译 文】

用兵打仗就要追求速胜，否则，旷日持久地僵持，就会使军队疲惫，锐气受挫，攻城作战就力不从心，而且长期陈兵国外，则国内资财不足。如果军队疲惫、锐气受挫、兵力耗尽、财政枯竭，那么，其他诸侯国就会趁此危局而举兵进攻，那时，即使再睿智高明的人也难以收拾这个局面。因此，用兵打仗，只听说计谋不足但靠神速取胜的，没有听说有计谋却要拖延战争时日的。战争时间长而对国家有利这种事，从来就没有过。因此，不能全面了解战争害处的人，就不能真正懂得战争的有利之处。

【点睛之笔】

人不能缺血，企业不能缺钱；

不自量力地贸然行事，必然导致惨败的结果。

时间是最大的价值，所以，要追求在第一时间解决问题；

俗话说夜长梦多，很多事情久则生变，如果一个问题此时得不到有效解决，会引发一系列连锁反应，导致衍生成本急剧增加。

身处不利局面，还要提防对手趁火打劫。

节约时间的做法就是好做法，迅速解决问题的思路就是

出路。

【原 文】

善用兵者，役不再籍，粮不三载，取用于国，因粮于敌，故军食可足也。

【译 文】

善于用兵的人，兵员不再次征调，粮草不再三转运。各项武器装备从国内取得后，粮草补给在敌国就地解决，这样，军粮就充足了。

【点睛之笔】

想办法把别人的资源变成自己的效益，这是每一位高层领导者应该思考的问题；

用别人的粮做自己的饭，用别人的钱发自己的财，“空手套白狼”就是最高境界；

借别人的地盘做自己的生意，现代经营理念之一，就是学会“借”。

刘备借荆州，有了自己光复汉室的根据地，这是最成功的借地利的案例；

孔明借东风，完成了赤壁大战最有力的一击，这是借天时；

借鸡下蛋、借船出海、借梯登楼、借壳上市等，已经被一些成功改制和健康发展的企业证明是一条可资借鉴的路径；

借势、借名、借力、借利，借时间、借空间、借政策、借资源，在市场经济条件下，生产经营要素无一不可以通过借的方式取得。

【原 文】

国之贫于师者远输，远输则百姓贫；近师者贵卖，贵卖则百姓财竭，财竭则急于丘役。力屈、财殚，中原内虚于家。百姓之费，十去其七；公家之费，破军罢马，甲胄矢弩，戟盾蔽橹，丘牛大车，十去其六。

【译 文】

国家因兵战而导致贫困，主要的原因是长途运输物资。长途转运军需，首先会使百姓贫困，进而会使国内府库枯竭。因为军队经过的地方物价会上涨，物价上涨就会使百姓财物枯竭，百姓财物枯竭就严重影响缴纳赋税。因为兵战，民力耗尽，财物枯竭，国内家家空虚，百姓的资财耗去了十分之七；国家的资财，也因为战车破损，战马疲病，盔甲、矢弩、矛盾等兵器损耗，辎重车辆损耗等，耗去了十分之六。

【点睛之笔】

打仗就是烧钱，不仅兴兵出师要花费大量钱财，维持战争的正常进行也需要耗费大量的钱财；

但凡一个系统工程，必然产生系列成本开销，兵战如此，企业经营也是如此；

不是所有的成本花销都能收回。

【原 文】

故智将务食于敌,食敌一钟,当吾二十钟;萁秆一石,当吾二十石。

【译 文】

所以,高明的将领务求从敌方夺取粮草。就地从敌方夺取粮食一钟,相当于从自己国家运出二十钟;就地夺取敌人饲草一石,相当于从自己国家运出二十石。

【点睛之笔】

就地取材,一举三得。既解决了自己队伍的供给,又减轻了国内后勤供应的负担,节约了财力,还有效减损了对手的物资供应,从而降低了其战斗力。

学会把对手的资源变成自己的效益,这是最划算的好生意。

【原 文】

故杀敌者,怒也;取敌之利者,货也。故车战得车十乘以上,赏其先得者,而更其旌旗。车杂而乘之,卒善而养之,是谓胜敌而益强。

【译 文】

激励士卒奋勇杀敌,就要激起他们对敌人的仇恨;鼓励将士夺取敌人的资财,就要用财物奖励他们。因此在车战中,凡缴获战车十辆以上的，奖赏那先夺得战车的士卒，并且更换敌人战车上的旌旗，将其混合编入自己的车阵之中。对于俘虏，则要给予优待、抚慰，使其为己所用，成为自己的士卒，这就是所谓战胜敌人而使自己日益强大。

【点睛之笔】

精神激励和物质奖励永远是调动积极性的基本手段。

尊重人才，尊重劳动，尊重创造，一个很重要的表现就是舍得重奖那些有突出贡献的人；

对做出重大贡献的人予以重奖，会对其他人产生强烈的刺激，促使其他人加倍努力。

取得对手的资源为我所用，在取得胜利的同时实现了自己的强大，这是兵战应该追求的境界，也是商战应该追求的目标。

【原 文】

故兵贵胜，不贵久。

【译 文】

所以，用兵作战贵在速胜，不宜久拖而僵持消耗。

【点睛之笔】

打仗追求取胜，企业经营追求赢利；

贵在速胜，因为耗费少，成本代价小；企业资金流动要快，这样成本收回周期就短，单位时间内周转次数就多，资金赢利率

就高。

但凡能迅速解决的问题，就不要拖延时间，因为夜长梦多，久则生变。

为达速胜，举兵以必克为贵，最忌人心不足蛇吞象；企业经营宜量力而为，最忌力不从心，投入的资金一时难以收回。

【原 文】

故知兵之将，民之司命，国家安危之主也。

【译 文】

所以，深知用兵之法的将帅，是民众命运的掌握者，是国家安危的主宰。

【点睛之笔】

当领导，首先意味着责任而不是荣耀，意味着担当而不是享受；

领导者的思维、眼光和决策，事关组织的安危和群众的生死，来不得半点粗心大意和疏忽懈怠；

身系重责，就当鞠躬尽瘁；

任重道远，但求死而后已。

谋攻第三

【原 文】

孙子曰:夫用兵之法,全国为上,破国次之;全军为上,破军次之;全旅为上,破旅次之;全卒为上,破卒次之;全伍为上,破伍次之。是故百战百胜,非善之善也;不战而屈人之兵,善之善者也。

【译 文】

孙武说:大凡用兵的原则,使敌举国不战而降是上策,击破敌国使之降服就次一些;使敌全军不战而降是上策,击破敌军而取胜就次一些;使敌全旅不战而降是上策,击破敌旅而取胜就次一些;使敌全卒不战而降是上策,击破敌卒使之降服就次一些;使敌全伍不战而降是上策,击破敌伍而取胜就次一些。因此,百战百胜,虽然是好的用兵策略,但不是最好的,不交战而使敌人屈服,才是好的用兵策略中最好的。

【点睛之笔】

追求完胜,是用兵的最高境界;

兵战也罢,商战也罢,毁灭式地击败对手都不是最好的结果;

打破、打烂,可以很简单,那就是毁灭;而追求打败,却有多种非毁灭性的做法可供选择。

不战而屈人之兵，可以解释为不通过战争的手段而使敌人屈服，这当然是最好的结局，但在现实中不常出现；

不战而屈人之兵，也可以解释为不通过正面作战而消耗敌人的有生力量，使敌人处于力量短缺的状态，这才是战争中常常使用的手段。

彻底消灭对手，只有一条道；而要让对方屈服，方式和方法很多。

【原 文】

故上兵伐谋，其次伐交，其次伐兵，其下攻城。攻城之法，为不得已。修橹轒辒，具器械，三月而后成；距堙，又三月而后已。将不胜其忿，而蚁附之，杀士卒三分之一，而城不拔者，此攻之灾也。

【译 文】

因而，最好的用兵策略是以谋略胜敌，其次是以外交手段胜敌，再次是通过野战交兵胜敌，最下等的是攻城。攻城是在不得已的情况下才采取的办法。为了攻城，需要修造望楼车、攻城车，准备各种攻城器械，数月才能完成；堆积攻城的土丘，又需数月才能完成。这时，将帅们已异常焦躁愤怒了，驱赶着士兵像蚂蚁一样去爬城，士卒已伤亡三分之一而城还不能攻下，这便是攻城的灾害啊！

【点睛之笔】

做同样一件事，应该努力寻求不同的解决之道。

"上兵伐谋"强调智取，主张思想制胜，要精于分析、巧于计算，用比对手更高明的思想战胜对手；

对手有思想不可怕，可怕的是你的思想谋略无法超越对手。

"伐交"强调从外围入手，最大限度地孤立对手，拆散对手的联盟，发展自己的盟友，使对手陷于孤立无援的境地，为最终战胜对手创造有利条件；

西方有句名言"没有永恒的朋友，只有永恒的利益"，说明可以通过利益交易达到外交制胜的目的。

"伐兵"强调实力制胜，通过实力展示和炫耀，达到震慑对方，使其知难而退罢兵休战的目的，从而兵不血刃地化解可能的战争灾难；

"伐兵"不是穷兵黩武，而是一种宣示，一种可作为谈判筹码的力量存在。

"其下攻城"是在不得已的情况之下的下下策选择，是真正意义上的通过兵战争斗一决胜负；

在冷兵器时代，攻城之举无疑是费时、费力、费命的"三费工程"，付出的成本代价很高，而收效甚微，甚至无收效可言，但这是战争中不可避免要发生的事情。

高明的领导者和管理者应尽可能避免"三费之举"，而尽可能地采取思想制胜、谋略制胜、外交制胜、公关制胜、谈判制胜等手段。

【原 文】

故善用兵者，屈人之兵而非战也，拔人之城而非攻也，毁人之国而非久也，必以全争于天下，故兵不顿而利可全，此谋攻之法也。

【译 文】

因此，善于用兵打仗的将帅，使敌军屈服而不用实兵交战的办法，夺取敌人的城池而不靠硬攻的办法，消灭敌国而不需用长久用兵的办法。一定要本着不诉诸兵战而以超人的谋略就能使敌方完全屈服的原则争胜天下，如此做法，军队不受挫而胜利可全得，这才是谋攻的原则。

【点睛之笔】

解决问题的办法很多，一定要找最佳方案，如此才能又好又快地解决问题；

一定要树立结果最好而代价最小的"完胜意识"，在管理工作实践中将科学与艺术相结合；

打破常规思维，寻求新的途径，创新首先要解放思想，开动脑子。

【原 文】

故用兵之法，十则围之，五则攻之，倍则分之，敌则能战之，少则能逃之，不若则能避之。故小敌之坚，大敌之擒也。

【译 文】

所以，根据用兵的方法，有十倍于敌人的兵力，就包围敌人使之投降；有五倍于敌人的兵力，就进攻敌人使之混乱；有多于敌人一倍的兵力，就设法分割敌人，使之化整为零；与敌人的兵力相当，则要善于与之对抗；比敌人兵力少时，要善于摆脱敌人；不如敌人兵力强大时，就要设法避免与敌争锋。小股兵力如果顽固硬拼，就会被强大的对方俘获。

【点睛之笔】

正确的目标确立之后，策略就是致胜的关键因素，只有善于根据具体情况选择适当的策略，才能达成最后的目标。

当自己拥有绝对优势的时候，可以给对方施加重重包围的压力，使之不战而降；

当自己势力与对手相当的时候，要敢于和善于采取行动，或干扰或分散对方的力量，为自己赢得局部的竞争优势；

当自己的力量明显弱于对手的时候，要善于避其锋芒，主动撤出，以免自己全军覆没；

必要时要敢于认输，认输不丢人，不认输却有可能丢命。

【原 文】

夫将者，国之辅也。辅周则国必强，辅隙则国必弱。

【译 文】

将帅，是国君的辅佐。辅佐得力周到，国家就强盛；辅佐有缺

陷疏漏，国家必然衰弱。

【点睛之笔】

高管的职责就是出主意、想办法；

敏锐、及时、到位、周密、有效，是对高管工作的基本要求。

在现代职场上，高管在最高领导面前应做到：献策不决策，到位不越位，超前不抢前，出力不出名；

在组织内部，高管相互之间要做到：理解不误解，补台不拆台，分工不分家，交心不存心。

【原　文】

故君之所以患于军者三：不知军之不可以进而谓之进，不知军之不可以退而谓之退，是谓縻军；不知三军之事而同三军之政，则军士惑矣；不知三军之权而同三军之任，则军士疑矣。三军既惑且疑，则诸侯之难至矣，是谓乱军引胜。

【译　文】

所以，国君对军队造成危害的情况有三个方面：不懂得军队不可以前进而命令他们前进，不懂得军队不可以后退而命令他们后退，这叫束缚军队；不懂军中事务却干涉军中行政管理，那么，军士就会迷惑；不知军中权谋之变而参与军队指挥，那么将士就会疑虑。如果三军将士既迷惑又疑虑，别国诸侯乘机进攻的灾难就到来了，这就叫自乱其军而致敌人得胜。

【点睛之笔】

现代组织管理特别强调上司可以越级监督,但不可越级指挥;

很多的管理混乱,不是因为各级管理者缺乏管理能力,而是他们的上级干涉过多所致;

瞎指挥、不放心、乱干涉,是作为上级领导最忌讳的败举。

优秀的领导常常给部下创造各尽所能的环境和条件,而不是束缚部下的行动;

优秀的领导善于听取部下的意见,而不是武断拍板;

优秀的领导善于授权放权,而不是大权独揽。

领导者应切记:总揽不独揽,宏观不主观,果断不武断,放手不撒手。

【原 文】

故知胜有五:知可以战与不可以战者胜,识众寡之用者胜,上下同欲者胜,以虞待不虞者胜,将能而君不御者胜。此五者,知胜之道也。

【译 文】

因此,预测胜负有五条原则:懂得什么条件下可以战,什么条件下不可以战的,能取胜;懂得根据兵力、物资多少而采取灵活战法的,能取胜;上下一心,同仇敌忾的,能取胜;以有准备之师击无准备之敌的,能取胜;将领富于指挥才能而国君不从中干预牵制

的，能取胜。这五条就是预知胜负的基本原则。

【点睛之笔】

追求胜利，无疑是目标所在，但要取得胜利，却非易事，需要具备很多条件。

团队行动要想取得预期结果，可以从以下五个方面来分析：

能正确分析和认识外部环境，从而明白自己该如何行动；

能根据不同情况采取不同的策略和行动；

团队上下团结一致，齐心协力，凝聚力强，精神状态良好；

各种预案准备充分，有备无患，而对手缺乏相应的准备；

各级管理者能力强、水平高，而上司不横加干涉。

当一个组织适应性强、有一定的实力、成员团结一心、筹划周密、管理顺畅的时候，就是胜利向他们招手的时候。

【原 文】

故曰：知彼知己，百战不殆；不知彼而知己，一胜一负；不知彼不知己，每战必殆。

【译 文】

所以说，了解对方也了解自己的，百战不败；不了解对方而了解自己的，胜负各半；不了解对方也不了解自己的，每战必败。

【点睛之笔】

“知彼知己，百战不殆”，这一超越兵战范畴的哲学概括，具有普遍的指导作用。

只有尽可能多地了解彼此的基本情况，据此做出正确的判断和决策，才能立于不败之地；

不了解对手也不了解自己就采取行动，无异于盲人骑瞎马，夜半临深池，那真真是危险至极。

在现代管理中，信息管理是很重要的方面；

缺乏信息意识，信息管理不到位，无疑是要打败仗的。

军形第四

【原 文】

孙子曰:昔之善战者,先为不可胜,以待敌之可胜。不可胜在己,可胜在敌。故善战者,能为不可胜,不能使敌之必可胜。故曰:胜可知,而不可为。

【译 文】

孙武说:从前那些善于用兵打仗的人,总是首先创造条件使自己处于不可被战胜的地位,然后等待敌人可能被我战胜的时机。做到自己不可被战胜,主动权在自己;可以战胜敌人,关键在于敌人出现可乘之隙。因而,善于用兵作战的人,能做到自己不可被战胜,而不能做到使敌人一定被我战胜。所以说,胜利可以预知,但不可强求。

【点睛之笔】

只有自己处于不败之地,才谈得上赢得胜利,这是一个简单而基本的道理,但遗憾的是,人们在行动中常常意识不到;

争斗的双方,无不想消灭对方,但能使自己不挨打或者不被对手打倒,才是真本事;

只要自己不败,就还有寻找机会去战胜对手的可能,所以确保自己立于不败之地，是取得最后胜利的基础；

兵战所谓“立于不败之地”的原则，在商战上就是不做赔本生意。

【原 文】

不可胜者，守也；可胜者，攻也。守则不足，攻则有余。善守者藏于九地之下，善攻者动于九天之上，故能自保而全胜也。

【译 文】

当自己不可能战胜敌人的时候，就采取守势；当可以战胜敌人的时候，就发动攻势。防守，是因为取胜的条件和自身力量不够；进攻，是因为取胜的条件和自身力量有余。善于防守的人，如同深藏于地底，使敌人无形可窥；善于进攻的人，如同神兵自九天而降，使敌人措手不及。做到了这两点，则既能有效地保全自己，又能获取全面的胜利。

【点睛之笔】

在较量中采取怎样的态势，不仅要看自己的力量，还要分析对手的状态。

如果采取守势，就一定要把自己全部的力量调动起来，使对手无机可乘；而在进攻的时候，一定要找准对手的薄弱环节，力争一击成功。

处于防守状态，就要想方设法把自己掩藏起来，使对手找不到任何蛛丝马迹；一旦出手行动，就要如神兵天降，锐不可当，使

对于无从防备。

防守时善于隐藏自己，所以能自保而不受损伤；进攻时善于用势，所以能全胜而大功告成。

【原 文】

见胜不过众人之所知，非善之善者也；战胜而天下曰善，非善之善者也。故举秋毫不为多力，见日月不为明目，闻雷霆不为聪耳。古之所谓善战者，胜于易胜者也。故善战者之胜也，无智名，无勇功，故其战胜不忒。不忒者，其所措必胜，胜已败者也。故善战者，立于不败之地，而不失敌之败也。是故胜兵先胜而后求战，败兵先战而后求胜。善用兵者，修道而保法，故能为胜败之政。

【译 文】

预见胜利不超过一般人的见识，不算高明中最高明的；经过力战而胜，天下人都说好，也不算好中最好的。就像举起秋毫不算力大，看见太阳、月亮不算眼明，听见雷霆不算耳聪一样。古代所谓善于作战的人，总是取胜于容易战胜的敌人。因而，这些善战者的胜利，既没有智谋的名声，也没有勇武的功劳。他取得战争胜利的举措是不会有差错的，之所以没有差错，是因为他们的战斗举动是必胜的，是战胜那些已处于失败态势的敌人。善于作战的人，总是使自己先立于不败之地，而不放过任何一个打败敌人的时机。因此，胜利之师是先具备必胜条件，然后再去交战，而失败之师总是先同敌人交战，然后期求从苦战中侥幸取胜。善于用兵的人,总是注意修明政治,确保治军法度,所以能成为战争胜负的主宰。

【点睛之笔】

要想让自己一击成功,关键的一点是寻找软弱的对手;

把最容易战胜的对手作为首选目标,可确保代价最小而受益最大;

要想立于不败之地,就得学会“欺软躲硬”;

要想夺取胜利,最高明的做法是先立足胜地,然后顺胜势而为,不需要特别的智慧和谋略,不需要特别艰苦的努力;

最有把握的胜利一定是向已经失败的对手进攻;而最危险的做法是向对手发动进攻之后才考虑如何求胜;

胜败的决定权就在于修治不败之道、确保必胜之法。

【原 文】

兵法:一曰度,二曰量,三曰数,四曰称,五曰胜。地生度,度生量,量生数,数生称,称生胜。故胜兵若以镒称铢,败兵若以铢称镒。称胜者之战民也,若决积水于千仞之溪者,形也。

【译 文】

用兵之法,有五个相互联系的要素:一是度,二是量,三是数,四是称,五是胜。根据战地做出利用地形的正确判断,这就是“度”;根据地形判断、推断战地容量,这就是“量”;根据战地容量部署自己的兵力,这就是“数”;根据双方可能投入的兵力进行衡

量比较，这就是“称”；根据双方力量对比预判战斗胜负，这就是“胜”。因此，胜利之师如同以镒对铢而处于绝对优势的地位，是以强大的军事实力取胜于弱小的敌方；败亡之师如同以铢对镒而处于绝对劣势的地位，是以弱小的军事实力对抗强大的敌方。高明的将帅指挥部队作战，就像决开千仞之高的积水一样，一泻万丈，势不可当。这就是强大的军事实力啊！

【点睛之笔】

孙武建立了一个了解外部世界并预判胜负的基本模型，每一个领导者都应当明察之，这个模型就是：地生度，度生量，量生数，数生称，称生胜。

“地”就是外部条件、环境、位置、时机等因素的总和；“度”就是忖度、判断；“量”就是大小、多少、规模；“数”就是自己可以掌控和支配的力量；“称”就是对外部力量和自身力量的衡量、比较；“胜”就是自己追求的结果。

寻求优势，把优势转换为胜势；

发现自身优点，把优点打造成致胜的核心竞争力；

占据绝对优势，顺势而为，取得胜利自不待言。

兵势第五

【原 文】

孙子曰：凡治众如治寡，分数是也；斗众如斗寡，形名是也；三军之众，可使必受敌而无败者，奇正是也；兵之所加，如以碫投卵者，虚实是也。

【译 文】

孙武说：治理人数众多的军队如同治理小部队一样简单，是由于有严密的组织编制；指挥大军团作战就如同指挥小部队作战一样容易，是因为有有效的号令指挥；三军部众即使遭受敌军进攻，也不致失败，是由于奇正之法运用巧妙；指挥军队进攻敌人，如同以石击卵那样攻无不克，是善于以实击虚。

【点睛之笔】

人不在多少，规模不在大小，关键是管理模式是否有效；

层级构建、政令系统、应变能力、行动举措，永远是组织管理需要面对的四大关键问题。

层级构建到位，才会出现人多力量大的局面，否则，人越多问题越多、混乱越严重；

政令系统有效，才会出现一切行动听指挥的局面，否则，政出

多门，员工无所适从，何谈步调一致获取胜利？

应变能力，是一个组织适应性与活力的体现，随时根据外部环境及对手的状态调整自己的策略和行动，才能转危为安，变被动为主动，夺取最后胜利；

行动离不开策略的指导，行动坚决、果断有力，全在于策略得当、目标选择合理。

【原 文】

凡战者，以正合，以奇胜。故善出奇者，无穷如天地，不竭如江河。终而复始，日月是也。死而更生，四时是也。声不过五，五声之变，不可胜听也；色不过五，五色之变，不可胜观也；味不过五，五味之变，不可胜尝也；战势不过奇正，奇正之变，不可胜穷也。奇正相生，如循环之无端，孰能穷之哉！

【译 文】

大凡用兵作战，总是以正兵对敌，以奇兵取胜。所以，善于出奇制胜的人，其战术变化，就像天地万物那样无穷无尽，像江河之水那样永不枯竭。周而复始，如日月运行、昼夜往复一样；死而复生，似四季更替、冬去春来一般。音律不过宫、商、角、徵、羽，而五音的组合变化却听之不尽；色不过青、黄、红、白、黑，而五色的组合变化却观之不尽；味不过酸、甜、苦、辣、咸，而五味的组合变化却尝之不尽；战势不过奇正，而奇正的组合变化却无穷无尽。奇正互相转化，就像圆环旋转一样无始无终、无头无尾，谁能穷尽呢？

【点睛之笔】

学会打出组合拳,学会在变化中使用变招,学会系统化制定策略,学会把正面进攻与隐蔽行动结合起来,学会假戏真唱,学会“耍两面派”,这就是奇正之论的精髓。

正,就是明摆着让你看到的情形;奇,就是让你无论如何也想不到的招数。你看到的不一定都是真的,这就是正中有奇;通过秘密渠道得到的“内部消息”也常常是有真有假,真假难辨,这就是奇中有正;

奇正组合,如五音变化出不同凡响的旋律,如五色涂抹出绚烂多姿的图画,如五味烹制出千滋百味的佳肴;

所谓创造,就是已有的不同事物的再结合。

【原 文】

激水之疾,至于漂石者,势也;鸷鸟之疾,至于毁折者,节也。是故善战者,其势险,其节短。势如彍弩,节如发机。

【译 文】

湍急之水,飞快奔流,以致能将巨大的石块漂移冲走,这是因为水势强大,一发而不可遏止;飞鹰快速猛扑,以致能将鸟兽捕杀,这是由于节奏把握恰当的缘故。所以,善于用兵打仗的将帅,他所构筑的兵势是险峻的,他所采取的行动节奏是短促而猛烈的。险峻的兵势就像张满的弓弩,短促而猛烈的节奏就像触发弩机。

【点睛之笔】

看看山洪狂泻、泥石流滚滚前冲的景象，你会明白什么叫势不可当；

看看鹰击长空疾速俯冲捕杀鸟兽，又迅疾地一飞冲天，你就明白什么是节奏的冲击力；

想想爱因斯坦总结的能量公式 $E = MC^2$，你才能理解，所谓势就是实力与快速反应的双重叠加；

在与对手的竞争较量中，一定要营造其势在我、其势在握的态势。

【原 文】

纷纷纭纭，斗乱而不可乱也；浑浑沌沌，形圆而不可败也。乱生于治，怯生于勇，弱生于强。治乱，数也；勇怯，势也；强弱，形也。故善动敌者，形之，敌必从之；予之，敌必取之。以利动之，以卒待之。

【译 文】

旌旗纷纷，人马纭纭，在纷扰混乱的状态中指挥作战，要使自己的军队保持有条不紊，不发生混乱；战车趋驰，士卒迷离，在混沌不清的情况下打仗，必须把自己的部队部署得各方面都能应付自如，无懈可击，使敌人无法打败我。在战场上，表面的混乱产生于真正的严整，表面的怯懦产生于真正的勇敢，表面的弱小产生于真正的强大。严整和混乱，是组织指挥问题；勇敢和怯懦，是声势问题；强大和弱小，是军事实力问题。所以，要善于调动敌人的将帅，无论向敌人展示什么样的军形，使敌人必为其所骗；给予敌人一点小利，敌人就必然为其所诱。用小利引诱、调动敌人，再用伏兵去消灭他们。

【点睛之笔】

在任何时候，都不要被现象所迷惑，更不可被其吓倒。

整治，靠管理体制；勇气，凭借声势；强大，以实力为基础。

要学会把实力变成一种能力，把能力变成结果；

利益永远是调动对方最有效的手段；

谋事重在谋势，谋势贵在明断利害；

诱之以利，使之动心，使之行动，这是战胜对方的有利时机。

【原 文】

故善战者，求之于势，不责于人，故能择人而任势。任势者，其战人也，如转木石。木石之性，安则静，危则动，方则止，圆则行。故善战人之势，如转圆石于千仞之山者，势也。

【译 文】

善于指挥作战的将帅，总是寄希望于通过造成有利态势去夺取胜利，而不苛求部属，因而他总能选用合适的人才，充分利用和依靠有利的态势克敌制胜。善于利用态势，指挥部属作战，就如同转动木石一样。木石的特性是放在安稳平坦之处就会静止，而放在高峻险陡之地就会滚动；方形的木石相对静止不易动，而圆

形的木石则很难保持稳定而极易滚动。所以，高明的将帅指挥军队作战时所造成的有利态势，就如同将圆石从万丈高山上滚下来那样不可阻挡，这就是军事上所谓的“势”。

【点睛之笔】

谋事重在谋势，优势在我、优势在握，为取得成功提供了重要的前提条件；

领导谋势，重在看准方向，选择合适的人，搭建用势平台。

造势、借势、顺势，为的是得势，一旦得势，就要“得势不饶人”，该出手时就出手，这样才能成事；

一旦不成事，首先要检讨方向有无问题、得势与否，而不要过多苛责部下。

虚实第六

【原 文】

孙子曰：凡先处战地而待敌者佚，后处战地而趋战者劳。故善战者，致人而不致于人。能使敌人自至者，利之也；能使敌人不得至者，害之也。故敌佚能劳之，饱能饥之，安能动之。

【译 文】

孙武说：凡首先到达会战地点而等待敌人到来的，就主动且安逸；后到达战地而仓促应战的，就被动而劳顿。所以，善于指挥作战的人，总是能调动敌人而不为敌人所调动。能使敌人自动来到我所预设地点的，是我用小利引诱的结果；能使敌人不得到达我所预设地点的，则是我以害威胁的结果。所以，敌人若休整良好，闲适安逸，我就设法烦而扰之，使他疲劳；敌人若粮草丰足，我就设法使之饥困；敌人若安守自固，我就设法调动他们，使其不得安宁。

【点睛之笔】

"致人而不致于人"，用战争历史书写的原则：只有始终处于积极主动的地位，才有胜利可言；

积极主动，既是一种心态，更应成为一种外在的姿态或状态；

过去崇尚“一招鲜吃遍天”，现在既要一招鲜，更要一步先；

欲成就个人职业生涯的辉煌，就要彻底抛弃“等靠要望混”的思想和习惯，学会积极主动地工作；

学会用简单的道理指导简便的行动，要想让别人听从你的调遣，无非利害两“道”：以利诱之，满足其欲望，使其趋之若鹜；以害警之，威胁其前途，使其避之唯恐不及而莫敢为；

用好利害，令行禁止；要把不同状态的人调动起来，就要分析他们各自心中最在意和最惧怕的是什么，然后有针对性地施加影响。

【原 文】

出其所必趋，趋其所不意。行千里而不劳者，行于无人之地也；攻而必取者，攻其所不守也。守而必固者，守其所必攻也。故善攻者，敌不知其所守；善守者，敌不知其所攻。微乎微乎，至于无形；神乎神乎，至于无声，故能为敌之司命。进而不可御者，冲其虚也；退而不可追者，速而不可及也。故我欲战，敌虽高垒深沟，不得不与我战者，攻其所必救也；我不欲战，虽画地而守之，敌不得与我战者，乖其所之也。

【译 文】

我出击的地方正是敌人必然往救的地方，我所前往之处往往是敌人意想不到的地方。军行千里而不受挫、不劳顿，是由于行进在敌人没有设防的地方；进攻必然取胜，是由于进攻敌人疏于防守的地方；防守必然牢固，是由于守在敌人必来进攻的地方。所以，善于进攻的人，能使敌人不知如何防守；善于防守的人，则能使敌人不知如何进攻。真微妙啊，微妙得看不见形迹；真神秘啊，神秘得听不到声息。正因如此，所以才能成为敌人命运的主宰者。发起进攻而使敌人不能抵御，是由于冲击其虚懈无备之处；主动撤离而使敌人无法追击，是由于行动迅速而使敌人追赶不上。所以，我若想决战，敌人即使高垒深沟，也不得不出来与我决战，因为我进攻的是敌人必赴救援的地方；我若不想决战，即使画地自守，敌人也不得与我作战，因为我的行动正好和敌人的意向相反。

【点睛之笔】

从对手防守最薄弱的地方展开自己的行动。

在别人不注意的地方寻找机会，市场营销理论中所谓的市场细分、市场定位就是这个道理。

攻其所必趋，即便是佯攻，是假动作，对手也必然实实在在地应对；而趋其所不意，才是自己真实的意图，对手却一点儿反应也没有。能做到这些就是高手。

在市场竞争中，自己的一个决策，不仅确立了本企业的行动方向，同时将对手的行动引至相反的方向，这样的策略才是真正的高手策略。所谓以假乱真，就是用假象迷惑对方、引导对方，而把自己的真实意图掩藏起来。

战争中所谓“如入无人之地”，并不是说这里没有人，而是说敌人在这里没有设防，自己可以很轻松地行进。市场竞争中，在

对手尚未关注的地方展开行动,成本和代价明显小一些,这就是自己赢得的优势。

击败对手的最佳突破点就是对方的薄弱环节,即俗话所谓的"软肋",能牵制对手行动的,一定是其核心利益所在,卡住对手的核心利益,就等于扼住了对手的咽喉。

体育比赛中,防守是最好的进攻,这与兵战之道相同。在市场竞争中,注意保护自己的利益,巩固自己的阵地,同样是强有力的进攻。

总是让对手在相反的方面行动,正好使自己在没有干扰因素的情况下采取行动。

【原 文】

故形人而我无形,则我专而敌分。我专为一,敌分为十,是以十攻其一也,则我众敌寡。能以众击寡者,则吾之所与战者约矣。吾所与战之地不可知,不可知则敌所备者多;敌所备者多,则吾所与战者寡矣。故备前则后寡,备后则前寡,备左则右寡,备右则左寡,无所不备,则无所不寡。寡者,备人者也;众者,使人备己者也。

【译 文】

所以,示伪形于敌,而我之真形藏而不露,这样,我方兵力便可集中在一起,而敌人的兵力则分散在各处,如此,就可以十倍的兵力去攻击敌人,从而形成局部战场上我众敌寡的有利态势。我既然能做到以众击寡,那么同我作战的敌人就少了。我与敌交战

的突破口，事先不可使敌人知道；敌人不知道，防备的地方就多；防备的地方多，那么同我作战的敌人就少了。所以，注意防备前面，后面就寡弱；注意防备后面，前面就寡弱；注意防备左边，右边就寡弱；注意防备右边，左边就寡弱；如果处处防备，那么就处处寡弱。之所以寡弱，就是由于防备敌人而使自己兵力分散所致；之所以显得众多，乃是由于迫使敌人分兵防备我方所致。

【点睛之笔】

在数量不变的情况下，可以通过调整结构寻求局部的优势，以获取利益最大化。

在各个方面与对手展开竞争，勇气可嘉而效果未必佳。如果懂得放弃全方位竞争，而集中自己的资源于某些擅长的方面，则一定能形成有自己特色的竞争优势，或许这就是企业核心竞争力之所在。

再强大的企业也不可能在各个方面都出类拔萃，要学会用强势、优势吸引消费者的眼球，同时掩藏自己的弱势、劣势。

自己寻求市场突破、技术突破的意图和方向，属于本企业的核心商业机密，不能轻易地告诉他人，否则，等于给自己树立了太多的竞争对手。

谋求市场发展，可以关注对手的行为动向，但不要期求在所有方面防备对手，和与对手进行较量。使用资源，一定要确保自己的战略重点时刻配置有足够的资源要素。

一个企业，即便财力雄厚，如果什么都想做，肯定什么也做不好。因此，在多元化发展、集团化运营的今天，如果专注于做好一

行，不失为追求卓越的明智选择。

过去总是说“不要把鸡蛋放在一个篮子里”，那是因为人们认为篮子可能会破、会倾覆；现在如果通过努力，打造一个永不倾覆的篮子，那么把所有的鸡蛋都放在这个安全系数最高的篮子里岂不是最明智的选择？

【原 文】

故知战之地，知战之日，则可千里而会战；不知战地，不知战日，则左不能救右，右不能救左，前不能救后，后不能救前，而况远者数十里，近者数里乎！以吾度之，越人之兵虽多，亦奚益于胜哉！故曰：胜可为也。敌虽众，可使无斗。

【译 文】

所以，如果预先知道交战地点，预先获悉交战日期，那么就可不远千里与敌会战；但若预先不知交战地点，也不知交战日期，那么就会左翼不能救援右翼，右翼也不能救援左翼，前锋不能救援后卫，后卫也不能救援前锋，更何况军队之间有时远隔数十里，即使比较邻近也相隔好几里地！依我分析，越国的兵虽多，但对于决定战争的胜败又有什么补益呢？所以说，胜利是可以争取到的。敌人兵力虽多，也可以想办法使其分散兵力而无法全力与我军战斗。

【点睛之笔】

行动之前掌握情报信息是很重要的，这样就可变被动为主动。

把规则牢牢掌握在自己手里,就有了话语权和主动权,利益才有保证。任何时候听从别人摆布,自己的命运必然任人宰割。

如果主动权不在自己手里,要学会“躲着走”,千万不要因为别人的行为影响自己就仓促出手。

【原 文】

故策之而知得失之计,作之而知动静之理,形之而知死生之地,角之而知有余不足之处。故形兵之极,至于无形。无形,则深间不能窥,智者不能谋。因形而措胜于众,众不能知。人皆知我所以胜之形,而莫知吾所以制胜之形。故其战胜不复,而应形于无穷。

【译 文】

所以,通过筹划谋算,去了解敌人作战计划的优劣得失;通过挑衅行为,去掌握敌人的活动规律;通过示形诱敌,去察知敌人所处地形的有利与否;通过与敌进行试探性的接触,去摸清敌人兵力部署的虚实强弱。所以,将示形于敌运用到极致,我军的真形就可以完全隐藏起来,而不露任何形迹;完全隐藏而不露任何形迹,即使潜伏极深的间谍也窥探不到我军的底细,即使再有才智的将帅也想不出对付我军的办法。根据具体情况灵活运用示形原则而取胜,即使将此胜利摆在众人面前,众人也不知其中的奥秘。人们可以看到我军战胜敌人的事实,知道我军取胜的一般战法,却不知我军是怎样根据敌情变化而灵活运用这些战法的,不

知我军之所以战胜敌人的道理究竟在哪里。所以，每次打胜仗都不是简单重复老一套战法，而是根据敌情采取不同战法，应变无穷。

【点睛之笔】

兵法的精髓就在于对简单方法的灵活运用，市场营销也是如此。

一个完美的策划，无外乎：

首先，认真搞好市场调研，进行可行性分析，这就是“策之而知得失”；

其次，搞一点小动作试探市场反应，以便观察变化趋势，这就是“作之而知动静”；

再次，宣布并适度展示自己的行动意图，看看竞争对手做何反应，以便调整自己的行动，这就是“形之而知死生”；

最后，通过试销活动进一步了解消费者的反应和市场规模，这就是“角之而知有余不足”。

【原 文】

夫兵形象水，水之行避高而趋下，兵之形避实而击虚；水因地而制流，兵因敌而制胜。故兵无常势，水无常形。能因敌变化而取胜者，谓之神。故五行无常胜，四时无常位，日有短长，月有死生。

【译 文】

用兵的方式方法，其规律就像水的流动一样。水的流动，是避开高处而流向低处,用兵的规律,乃是避开敌人牢固设防之处,而进攻其虚懈薄弱之点;水因地势的高低而决定其流向,用兵作战则是根据不同的敌情而采取不同的制胜之策。所以,用兵作战没有一成不变的战场态势和方式方法,就像水流没有固定的形状一样。能根据敌情变化而取胜的,可谓用兵如神。所以,五行相生相克,没有哪一个固定是强者、胜者;四季依次交替推移,也没有哪个固定不变。白天有长有短,月亮有圆有缺,永远处于变化之中。

【点睛之笔】

有一句话常被人引用:这个世界上唯一不变的就是变化。

用兵的方式方法,其规律就像流水一样总是在变化,企业经营的策略有时候也要像流水一样不断变化,这就是实事求是、与时俱进。

流水避高而趋下,用兵避实而击虚,企业经营就应扬长而避短。

因敌变化而取胜者,谓之用兵如神,是谓战神;能因市场变化而引导企业不断发展壮大者,就是经营之神。

昨天的成功,只可称为历史的辉煌,而不可成为今日发展的依赖。

今天的发展,一定要从今天的实际出发,而不可因循守旧。

避实击虚,扬长避短,胜于易胜,用较小的代价获取较大的利益,这应该成为指导经营的基本原则。

军争第七

【原 文】

孙子曰：凡用兵之法，将受命于君，合军聚众，交和而舍，莫难于军争。军争之难者，以迂为直，以患为利。故迂其途，而诱之以利，后人发，先人至，此知迂直之计者也。

【译 文】

孙武说：大凡用兵打仗的一般规则，从主将接受国君的命令，到征集民众组织军队，再到开赴前线与敌人对垒，这中间最困难的事情莫过于与敌争夺先机之利，掌握战争主动权。争夺先机、掌握主动之所以困难，是由于要变迂远为近直，变不利为有利。所以，要采取表面迂远的进军路线去迷惑敌人，并用小利去引诱敌人，使之迟滞。这样，即使在敌人之后出发，也能比敌人先到达战地，这就是懂得变迂远为近直的策略。

【点睛之笔】

战事之争，贵在争取战场上的主动权；市场竞争，贵在争夺营销中的有利条件。

如何变被动为主动，如何抓住有利条件，基本的思路就是想方设法用利益诱惑干扰对方的行动，让对手“丢了西瓜捡芝麻”，而自己趁机后发制人。

让对手偏离正确的道路和方向，就是为自己创造有利条件。

确保自己不受诱惑，不偏离正道，就是在争取主动权。

【原 文】

故军争为利，军争为危。举军而争利，则不及；委军而争利，则辎重捐。是故卷甲而趋，日夜不处，倍道兼行，百里而争利，则擒三将军，劲者先，疲者后，其法十一而至；五十里而争利，则蹶上将军，其法半至；三十里而争利，则三分之二至。是故军无辎重则亡，无粮食则亡，无委积则亡。

【译 文】

所以，军争既有有利的一面，同时也有危险的一面。若驱全军之众并带着所有物资装备去与敌争利，那必然会行动迟缓而错失良机；若弃其所有，轻装前进与敌争利，则辎重必为敌掠而遭受损失。所以，若收起铠甲急速进军，日夜不停，加速行进，奔走百里与敌争利，那就会使三军主将被擒，况且强壮的先行，疲弱的掉队落伍，一般情况下只有十分之一的人到达，全军覆没在所难免；如果奔走五十里与敌争利，则前军主将会遭受挫折，且一般情况下只有半数的人能到达；即使奔走三十里与敌争利，其结果也只能有三分之二的人到达。所以，军队没有辎重装备就会失败，没有粮草供应就不能生存，没有物资储备同样不能坚持作战。

【点睛之笔】

凡事都要看两面,因为利害并存。在追求利益的同时,一定要防范可能同时出现的风险和危机。

不顾一切地追逐利益,可能导致全盘皆输。在利益面前学会取舍,懂得进退,才是明智之举。

不做赔本生意,也包括不使自己陷于困境、进入险境、走到绝境。

【原 文】

故不知诸侯之谋者,不能豫交;不知山林、险阻、沮泽之形者,不能行军;不用乡导者,不能得地利。故兵以诈立,以利动,以分和为变者也。故其疾如风,其徐如林,侵掠如火,不动如山,难知如阴,动如雷震。掠乡分众,廓地分利,悬权而动。先知迂直之计者胜,此军争之法也。

【译 文】

所以,不了解列国诸侯的战略意图,就不能与之结交;不熟悉山林、险阻和沼泽等地理情况,就不能行军;不用向导,就不能得地之利。因此,用兵作战应以诈谋权术为策略基础,以是否有利为行动原则,并根据具体情况的变化灵活部署兵力的分散或集中。所以,部队行动神速,有如飙风之疾;部队行进舒缓,其行列齐肃,有如林木之森然有序;当其侵袭进攻敌人时,有如烈火之猛,不可遏止;而当其屯兵固守时,则如山岳之固,不可动摇;当其深密藏形时,有如阴霾迷漫,莫辨星辰;而其一旦行动,则如霆雷之威,触之者折。抄掠乡野,要分掠部众;而开土拓境,则须分兵扼守。总之,要权衡利害得失,然后再采取相应的行动。事先懂得正确运用以迂为直策略的一方就能胜利,这就是军争所应遵循的原则。

【点睛之笔】

市场竞争有三点要注意:不清楚对方的真正意图,不要轻易与之结交;没搞清楚外部环境,不要轻易采取行动;要想获得地利,就必须找到影响地利的关键人物。

从"兵圣"的论述中,我们总结出现代商战的"三要"原则:要善于隐藏自己的真正意图;要确立一切以利益为目标的原则;要灵活配置要素资源。

从兵法中我们体悟到现代组织执行力的六大准则:行动迅捷有效率;行动稳健有秩序;执行到位求完满;意志坚定有境界;部署周全无漏洞;出手不软有力度。

如何提升执行力?兵法给出的答案是:

实实在在的利益激励:只有让大家分享到实实在在的利益和好处,大家才会团结一心,全力以赴;

严格有效的权力制约:既然是组织行为,就必须强调组织管理原则的刚性,执行命令不能打折扣;

灵活多变,相机而动:能根据环境的变化,随时调整自己的措施和行为,机动灵活。

【原 文】

《军政》曰:“言不相闻,故为之金鼓;视不相见,故为之旌旗。”夫金鼓旌旗者,所以一人之耳目也。人既专一,则勇者不得独进,怯者不得独退,此用众之法也。故夜战多金鼓,昼战多旌旗,所以变人之耳目也。

【译 文】

《军政》中说:“在战斗中用语言指挥听不见,所以就使用锣鼓;用动作指挥看不见,所以就使用旌旗。”锣鼓、旌旗的设置和使用,是为了统一全军号令,便于指挥。全军部众既然统一听从号令指挥,那么,勇敢的将士就不能单独前进,怯弱的将士也不能单独后退,这就是指挥部众作战的一般原则。所以在夜间作战多使用火光和锣鼓,在白天作战多使用旌旗,之所以要变换使用这些信号,都是为了适应部卒的视听。

【点睛之笔】

现代组织管理系统有简有繁,有大有小,但其衡量指标只有一个,那就是能否有效发挥作用。有效的管理系统才是有用的,也才是科学的。

建立管理系统的目的和目标只有一个,那就是统一大家的意志和行为。不能统一大家意志和行为的管理系统,就是无效和无用的。

组织管理系统要具有一定的弹性和应变性,以便在不同情况

下灵活运用并发挥其应有作用。没有哪一套管理系统能够适用于所有情况。

管理系统、指挥方式、政令渠道、监督机制，都必须视环境、条件、对象、地点等的不同而有所不同，这就是适应性。

既然管理系统是为了统一大家的意志和行为，那么就要确保政令的统一性、唯一性和权威性，决不允许政令不一、政出多门、政令矛盾。

在管理实践中，可以多部门联合发文，但不要联合指挥、联合执法、联合监督，必须确立一个领导核心和主管部门。

【原 文】

故三军可夺气，将军可夺心。是故朝气锐，昼气惰，暮气归。故善用兵者，避其锐气，击其惰归，此治气者也。以治待乱，以静待哗，此治心者也。以近待远，以佚待劳，以饱待饥，此治力者也。无邀正正之旗，无击堂堂之陈，此治变者也。

【译 文】

军队的锐气可以使之衰懈挫伤，将帅的意志和决心也可以使之动摇。军队初战之时，士气比较旺盛，经过一段时间就逐渐懈怠，到最后阶段就完全衰竭。所以，善于用兵打仗的人，总是避开敌人初来时的锐气，待其士气懈怠和衰竭之时再进行攻击。这是掌握军队士气变化的一般法则。以我军之严整对待敌人之混乱，以我军之沉着镇静对待敌人的轻躁喧闹，这是掌握军队心理变化的一般法则。以我军靠近战场之近直对待敌人长途跋涉之迂远，

以我军之从容休整对待敌人之奔走劳顿，以我军之饱足对待敌人之饥饿，这是掌握军队战斗力的一般法则。不要去拦截军容齐整、部署周严的敌人，也不要去攻击阵势堂皇、实力强大的敌人，这是掌握应变策略的一般法则。

【点睛之笔】

治军莫过治气、治心、治力、治变，也就是掌握士气、掌握心态、掌握力量、掌握变化。用在现代组织管理中，就是调动积极性以激励斗志，调整心态以激发意志，调整力量以激活精神，掌握时机以变中求胜。

在竞争中与对手较量，治气当避锐，治心能静待，治力可以逸待劳，治变不击强。

【原 文】

故用兵之法，高陵勿向，背丘勿逆，佯北勿从，锐卒勿攻，饵兵勿食，归师勿遏，围师遗阙，穷寇勿迫，此用兵之法也。

【译 文】

所以，用兵打仗的一般法则是：敌人占据山险，我方就不要去仰攻；敌人背靠高丘，我方就不要正面攻击；敌人假装败退，我方不可跟踪追击；敌人士气锐盛，我方不可进攻；敌若以利诱我，我方不可贪取；敌若归师回国，不可阻击拦截；包围敌人，须留出缺口；敌若陷入绝境，不可过分逼迫。这些都是用兵的一般法则。

【点睛之笔】

孙武兵法所论，为我们在竞争中取胜而不犯错提供了多条可资借鉴的重要法则：

尽可能不要正面冲突；

尽量避免逆势而为；

不要被对手的假象蒙蔽；

不要在对手士气正旺的时候行动；

不要贪图小利；

给对手留一条生路，等于给自己留出发展空间；

永远不要忘记和迷失自己的战略目标和核心利益所在。

九变第八

【原 文】

孙子曰:凡用兵之法,将受命于君,合军聚合,圮地无舍,衢地交合,绝地无留,围地则谋,死地则战。途有所不由,军有所不击,城有所不攻,地有所不争,君命有所不受。故将通于九变之利者,知用兵矣;将不通九变之利,虽知地形,不能得地之利矣。治兵不知九变之术,虽知五利,不能得人之用矣。

【译 文】

孙武说:大凡用兵打仗的一般法则是:主将从国君那里接受使命,征集民众并组成军队,行军作战中如遇难行之圮地,不要驻扎;如遇四通八达的衢地,则要注意结交邻国;如遇环境险恶、生存困难的绝地,不要停留;如处四面险阻难以找到出路的围地,需要多动心思,巧出奇谋;如陷于走投无路的死地,就需要奋力作战,死里求生。有的道路可以不走,有的敌军可以不打,有的城邑可以不攻,有的土地可以不争,国君的命令也并不是必须言听计从。所以,将帅若能通晓上述各种应变策略并有效运用,就算懂得如何用兵了;将帅若不通晓这些策略的运用及其带来的好处,即使了解地形,也不能充分发挥有利的地理条件的作用。用兵作战,若不懂得运用上述各种应变策略,即使知道这五个“有所不”

所带来的好处，也不能充分发挥人的主观能动作用。

【点睛之笔】

作为组织的领导者，重任在肩，当竭尽全力，认真观察，理性判断，科学分析，审慎决策，以确保行动无误。

兵战中所讲的“圮地”，是指难以通行的地方，用在市场营销中，类似于规模小、周期长、赢利有限且没有成长空间的业务，那么，正确的做法就是放弃。

兵战所谓“衢地”，是指四通八达、交通便利的地方，从市场营销来看，类似于需求量大、竞争对手多且流动性强的业务。对于这样的业务，正确的做法就是增强客户的忠诚度，同时加强与合作伙伴的联系。

兵战所谓“绝地”，是指交通困难、无水草粮食、难以生存的地方，在市场营销中类似于规模萎缩、空间缩小、利润枯竭的“瘦狗业务”，对这样的业务，正确的做法就是撤出这个市场。

兵战所谓“围地”，是指四面险阻、出入狭窄的地方，在市场营销中类似竞争激烈、投入容易撤出难的业务，对此状况，正确的做法就是出奇制胜，不走寻常路，不按常规思维出牌。

兵战所谓“死地”，是指前不得进后不得退、非死战无以生存的地方，在市场营销中类似企业已穷途末路，唯有拼死一搏才有可能获取一线生机。

在应对竞争的时候，作为组织的领导者，应该明确：有些路不能走，比如违法乱纪；有些事不能做，比如坑蒙拐骗；有些目标不能追求，比如损人利己；有些利益不能争取，比如以次充好、假冒

伪劣。对于那些明显错误的指令,应该巧妙地拒绝执行。

学会以变应变,更要善于在变换中坚守住永远不变的东西。

孙武所言五地之论,换一个角度来看,正在于提醒企业领导者:不进入无序市场;拉关系进入新兴市场;早早离开衰退市场;靠谋略取胜于竞争激烈的市场;拼搏于能带来一线生机的市场。

【原 文】

是故智者之虑,必杂于利害,杂于利而务可信也,杂于害而患可解也。

【译 文】

所以,明智的将帅思考问题,总是兼顾利害两个方面。在有利的情况下充分考虑到不利的一面,事情才能顺利完成;在不利的情况下充分考虑到有利的一面,祸患才能被有效克服。

【点睛之笔】

学会全面、辩证地认识问题、思考问题、分析问题。

在一帆风顺的时候要时刻防范风险、危机的出现,在困难的时候要看到光明和前途。

塞翁失马,焉知非福;塞翁得马,焉知非祸。

面对成绩,谨慎一点;面对困难,乐观一点。

【原 文】

是故屈诸侯者以害,役诸侯者以业,趋诸侯者以利。

【译 文】

所以，要使诸侯屈服，就要用诸侯最害怕的事情去威胁他；要役使诸侯，就要用危险的事情去困扰他；要使诸侯归附，就要用利益引诱他。

【点睛之笔】

对对手采取怎样的策略，取决于你自己想要达到怎样的目的。

兵法上的威逼利诱，管理中的胡萝卜加大棒，本质相同。

在管理中，要学会两手抓、两手硬，更要两手用。

【原 文】

故用兵之法，无恃其不来，恃吾有以待之；无恃其不攻，恃吾有所不可攻也。

【译 文】

所以，用兵打仗的一般法则是：不要侥幸指望敌人不会来袭击我，而要依靠自己严阵以待的充分准备；不要侥幸指望敌人不来攻打我，而要凭借自己有着使敌人不敢攻打的强大实力。

【点睛之笔】

有备无患，有恃无恐，有实力才有底气。

丢掉幻想，打好基础练内功，这是取胜的基础。

在市场竞争中，没有哪一个对手会给你纠正错误的机会，所以，要想胜人，先得生存，要想生存，就不能出错。

机会只给有准备的人。

【原 文】

故将有五危，必死可杀，必生可虏，忿速可侮，廉洁可辱，爱民可烦。凡此五者，将之过也，用兵之灾也。覆军杀将，必以五危，不可不察也。

【译 文】

将帅有五个致命的弱点：有勇无谋，只知死拼，就有被杀的危险；临阵畏怯，贪生怕死，就有被俘虏的危险；急躁易怒，意气用事，就有被凌辱便妄动的危险；清廉自好，过于自尊，就有被污辱便失去理智的危险；宽仁爱民，心慈手软，就有被烦扰而陷于被动的危险。以上五点，是将帅的过失，也是用兵的灾害。军队败覆和将帅被杀，都是由上述“五危”造成的，这是为将帅者不可不明察、不可不重视的问题。

【点睛之笔】

在战争中，要奋斗就会有牺牲；在经营中，要奋斗，就要付出成本代价。

套用孙武“五危”的观点，身为组织的领导者，有五种毛病是致命的：

有勇无谋，不动脑子，此其一；逃避责任，不敢担当，此其二；

情绪急躁,意气用事,此其三;看重名声,过于洁身自好,此其四;柔而不刚,心慈手软,此其五。有此五者,就很难成为合格的领导者。

此外,孙武还有一个著名观点:“将者,智信仁勇严。”即用将之“五德”来克将之“五危”,才能不断走向卓越。

行军第九

【原 文】

孙子曰：凡处军相敌，绝山依谷，视生处高，战隆无登，此处山之军也。绝水必远水，客绝水而来，勿迎之于水内，令半济而击之，利；欲战者，无附于水而迎客；视生处高，无迎水流，此处水上之军也。绝斥泽，唯亟去无留；若交军于斥泽之中，必依水草而背众树，此处斥泽之军也。平陆处易而右背高，前死后生，此处平陆之军也。凡此四军之利，黄帝之所以胜四帝也。

【译 文】

孙武说：大凡对军队的安顿处置以及对敌情的观察判断，应该注意如下问题：通过山地时，要靠近有水草的溪谷；驻扎时选择面南朝阳隆高之地；如果敌人占据高地，不可仰攻，这是在山地行军安营的一般原则。横渡江河，一定要在离江河稍远的地方驻扎；敌若涉水而来，切勿在水中迎击，而要等他们渡过一半时再攻击，这样较为有利；如果想同敌人交战，则不要靠近江河而迎击，以免陷于被动；在江河地带安营，也要居高面阳，不要在敌军下游驻扎而面迎水流，这是在江河地带行军驻扎的一般原则。通过盐碱沼泽地带，一定要赶快离去，不要停留；若在此地与敌人遭遇，则应迅速占据依傍水草、背靠林木的地方，这是在盐碱池沼地带行军安营的一般原则。在开阔平原地区，也必须选择平坦无坎陷之地，依托高地，前低后高，这是在平原地带驻扎安营的一般原则。掌握上述四种“处军”原则，并充分发挥其作用，这便是黄帝之所以战胜周围部族酋长的原因所在。

【点睛之笔】

一切从实际出发；

一切从有利于自己的实际出发；

一切从有利于自己而又有效牵制对手的实际出发。

把有利的条件和环境掌握在自己手里，远离不利和有害的环境。

【原 文】

凡军好高而恶下，贵阳而贱阴，养生而处实，军无百疾，是谓必胜。丘陵堤防，必处其阳而右背之，此兵之利，地之助也。上雨，水沫至，欲涉者，待其定也。凡地有绝涧、天井、天牢、天罗、天陷、天隙，必亟去之，勿近也。吾远之，敌近之；吾迎之，敌背之。军行有险阻、潢井、葭苇、山林、蘙荟者，必谨复索之，此伏奸之所处也。

【译 文】

大凡驻军，总是喜欢干燥的高地，而不喜欢潮湿的洼地；重视向阳之地，而避开阴暗之地；傍水草而居，以便休养人马，背高依固而处，以便军需物资供应。这样，军中将士不至于得各种疾病，

必胜才有保证。如遇丘陵堤防，一定要据其南面朝阳之处，而将主要侧翼倚托于它。根据上述原则处军，之所以对军队有利，都是由于能充分发挥地理条件的辅助作用所致。上游下雨，水势大涨，顺流而下，要想涉渡，就需等到水势稳定以后。大凡遇到“绝涧”“天井”“天牢”“天罗”“天陷”与“天隙”这六种地形，必须尽快避开而不要接近。我军要远离它而让敌人靠近它；我军要面向它而让敌人背靠它。军队在山险水阻、坑坎沼泽、芦苇丛生、林木茂密、草木葱茏的地区行动，必须认真、全面、彻底地搜索，因为这都是容易隐藏敌人伏兵和奸细的地方。

【点睛之笔】

占据有利条件，包括有利于生活和健康的条件在内。

安全和健康既是战斗力，也是生产力。军无百疾，是谓必胜；企业员工健康快乐，就是生产效率，就是经济效益和社会效益。

曹操曾对兵战地形做过这样的说明：山深水大者为绝涧，四方高中央低为天井，深山所过若蒙笼者为天牢，可以罗绝人者为天罗，地形陷者为天陷，山涧道迫狭、地形深数尺长数丈者为天隙。

通俗地讲，两岸峭壁，水流其间，就是绝涧之地；四周高峻，中间低洼，就是天井之地；山险环绕，易进难出，就是天牢之地；荆棘丛生，难以通过，就是天罗之地；地势低洼，泥泞易陷，就是天陷之地；峡谷幽深，天仅一线，就是天隙之地。

在市场营销中，有些领域和业务限制重重，空间有限，不确定因素太多，干扰因素太大，就应该借鉴兵法原则，快速离开，而不要纠缠于其中。

越是在不确定因素多的情况下，越需要提高警惕，谨慎行动。

【原 文】

敌近而静者，恃其险也；远而挑战者，欲人之进也；其所居易者，利也。众树动者，来也；众草多障者，疑也；鸟起者，伏也；兽骇者，覆也。尘高而锐者，车来也；卑而广者，徒来也；散而条达者，樵采也；少而往来者，营军也。辞卑而备者，进也；辞强而进驱者，退也；轻车先出居其侧者，陈也；无约而请和者，谋也；奔走而陈兵者，期也；半进半退者，诱也。杖而立者，饥也；汲而先饮者，渴也；见利而不进者，劳也。鸟集者，虚也；夜呼者，恐也；军扰者，将不重也；旌旗动者，乱也；吏怒者，倦也；杀马肉食者，军无粮也；悬缻不返其舍者，穷寇也；谆谆翕翕，徐与人言者，失众也；数赏者，窘也；数罚者，困也；先暴而后畏其众者，不精之至也；来委谢者，欲休息也。兵怒而相迎，久而不合，又不相去，必谨察之。

【译 文】

敌人逼近而安静的，是有险可恃；离我军较远就来挑战的，是企图诱我军前进；不据险而据平地宿营，其中必有利便和好处。林中树木摇摆，是敌人伐木开道，隐蔽来袭。草丛中设有许多障碍物，是敌人搞的疑兵之计；鸟雀惊飞，是下面有伏兵；野兽骇逃，是敌人大举来袭。飞尘细高而锐直，是敌人的战车奔驰而来；飞尘低矮而广阔，是敌人的步卒正在开来；飞尘疏散而呈条缕状，是

敌人在曳柴而走，伪装诈我；敌人稀少而往来移动，则是敌人正在以轻兵安营扎寨。敌方使者措辞谦卑，其军队却在加强战备，是敌人准备向我方进攻；敌方使者措辞强硬，而军队又做出要进攻的架势，则是要准备撤退；敌方轻车先出，部署在两翼，是在布列阵势；敌方没有预先约定，却来请求讲和，是敌人在搞阴谋；敌人急速奔走并布列战车，是在期待同我军决战；敌人欲进不进，欲退不退，是在诱我军上钩。敌兵斜倚兵杖而立，是饥饿的表现；役卒汲水而先饮，是干渴的表现；敌人见利而不去夺取，是疲劳的表现。敌方营地上方飞鸟群集，说明营寨已经空虚无人；敌营夜间有人惊呼，说明敌方军心恐惧不安；敌营军士自相扰乱，是其将帅威令不严的表现；敌营旌旗摇动不整，是军纪不严、队伍混乱的表现；敌军官吏烦躁易怒，是军队疲惫的表现；杀马而食，是军队缺乏粮食的表现；饮具悬置不用，军不归幕而露宿野外，这就是准备拼死的穷寇；敌军将士聚集在一起，私下低声议论，是其将帅不得人心；频繁赏赐，说明敌军已一筹莫展，无计可施；一再处罚士卒，说明敌军陷于困境；将帅对士卒先凶暴而后又害怕，那就是最不精明的了；敌方遣使者前来谈判言好，是想休兵息战。敌若逞怒而来，却迟迟不与我军交战，又不退去，就一定要谨慎观察其意图和动向。

【点睛之笔】

兵圣孙武一口气讲述了 33 招察敌之术，凭此足以在战场上洞悉一切。

常常说透过现象看本质，问题是那些生动而具体的现象是否引起你高度关注。离开对现象的观察和分析,就无法揭示其本质。

在市场营销中,要学会观察,眼观六路,耳听八方。

比如要了解一家企业,不妨:

看门面,看环境,看形象,看面貌;

读企业手册,读招聘广告,读规章制度;

听老板说,听员工说,听客户说;

察工作态度,察办事作风,察行为倾向;

体验言谈,体验接待,体验交流,体验境界。

往往在最平凡、最直观之处能体现出最本质的东西。

【原 文】

兵非贵益多也,惟无武进,足以并力、料敌、取人而已。夫惟无虑而易敌者,必擒于人。

【译 文】

打仗并不是兵士越多越好,只要不轻敌冒进,并能集中兵力,判明敌情,就足以战胜敌人了。那种没有头脑、不深谋远虑而又轻敌妄动的人,一定会成为敌人的俘虏。

【点睛之笔】

团结就是力量,但是团队行动,不一定人多力量就大。

要想取得团队行动的胜利,需要做到:

审慎而科学的决策;

把大家的力量和智慧汇集起来；

认真分析环境条件；

周密部署，坚决执行。

领导最忌不动脑子，缺乏远见，不做分析而盲目妄动。

【原 文】

卒未亲而罚之，则不服，不服则难用。卒已亲附而罚不行，则不可用。故令之以文，齐之以武，是谓必取。令素行以教其民，则民服；令素不行以教其民，则民不服。令素行者，与众相得也。

【译 文】

在士卒尚未亲近归附时，将帅就严刑峻法对其予以处罚，士卒一定不会心悦诚服；士卒心有不服，就难以指挥他们作战打仗。如果士卒已经亲近归附，而将帅仍不厉行军法军纪，这样的军队也不可用来作战，更不可能打胜仗。所以，将帅应以政治道义对士卒进行思想政治教育，而使之悦服，以严格的军纪军法约束士卒，使之步调一致，这样的军队一定是能打仗并能打胜仗的军队。平时能厉行法令并勤加教育士卒，士卒就会服从命令；若平时不能厉行法令，又疏于教育士卒，士卒就不会服从命令。军纪法令总是行之有效，是由于将帅与士卒相互取得信任的缘故。

【点睛之笔】

团队建设，也要坚持两手抓、两手硬、两手用的原则，把严格的制度管理和强有力的思想教育工作结合起来。

凝聚人心,必须依靠思想政治教育;统一步调,必须强化制度约束。

抓好日常管理,营造良好氛围。

违反规章制度一定要给予处罚,但不要拿制度规章威胁人。

养兵千日,用在一时;无千日之养,何来一时之用?

地形第十

【原 文】

孙子曰:地形有通者、有挂者、有支者、有隘者、有险者、有远者。我可以往,彼可以来,曰通。通形者,先居高阳,利粮道,以战则利。可以往,难以返,曰挂。挂形者,敌无备,出而胜之;敌若有备,出而不胜,难以返,不利。我出而不利,彼出而不利,曰支。支形者,敌虽利我,我无出也,引而去之,令敌半出而击之,利。隘形者,我先居之,必盈之以待敌;若敌先居之,盈而勿从,不盈而从之。险形者,我先居之,必居高阳以待敌;若敌先居之,引而去之,勿从也。远形者,势均,难以挑战,战而不利。凡此六者,地之道也,将之至任,不可不察也。

【译 文】

孙武说:地形有通形、挂形、支形、隘形、险形、远形等六种类型。我方可以去,敌方也可以来的地势,叫通形。在通形地区,要抢先占领隆高朝阳之处驻扎,并确保粮道畅通,这样,与敌交战就比较有利。可以前往而难以返回的地形,叫挂形。在挂形地区,若敌无备,就迅速出击而取胜;若敌有备,我方出击而不能取胜,又难以返回,于我方不利。我方出击不利,敌人出击也不利的地势,叫支形。在支形地区,敌即使以利诱我方,我方也不要出击,而要率众撤离，待敌人出来一半时再攻击，这样于我方有利。在隘形地区，我方若首先占领，一定要用重兵封锁隘口，以等待敌人的到来；如果已被敌人抢先占据，并已封锁隘口，就不要去出击，若敌人还没有重兵封锁隘口，就要迅速攻取它。在险形地区，我方若首先占领，一定要驻扎在隆高向阳之处，以待敌人到来；若已被敌人抢先占领，那就率部离去，不要进攻。在远形地区，双方若势均力敌，则不宜挑战，勉强求战于我方不利。上述六点，是关于利用地形地势的一般原则，这是将帅的重大责任所在，不可不认真考察研究。

【点睛之笔】

打仗要懂得利用地形地势，市场营销也要懂得市场环境分析。

“通地”就是所有经营者都可以进入的市场，自由度最大，流动性最强，虽然市场机会多，但竞争也激烈，很难形成绝对优势，所以取胜的关键就是抢占制高点，通过加盟、连锁、合作、拉关系扩大市场地盘，提高市场占有率，切忌孤军奋战。

打仗受伤叫“挂彩”，考试不及格叫“挂科”，因故送命叫“挂了”，而“挂形之地”，在市场营销中就是指进入容易撤出难、投资容易收回难的市场。对这样的市场，要审慎分析，既要能进得去，也要能撤得出，不至于被挂；可以利用有利时机，但不要把侥幸取胜当作自己的真本事，在认为自己很厉害的时候也要想到对手的各种手段和举措。

战场上双方形成对峙的状态叫“支”。在市场竞争中，彼此

对峙,先出手反而不利,这个时候,比拼的就是定力。面对利益诱惑要不为所动,同时要把陷阱装扮成“馅饼”,等对方来抢。可以通过炒作新概念诱使他人先动起来,而自己静观其变,坐等收渔翁之利。

兵战之“隘形”者,犹如市场营销中核心利益之所在,关乎生死存亡,所以要先下手据为己有。若已牢牢落入对方手中,就不要做无谓的竞争,除非对方握而不牢。但与其等待对手犯错误,不如自己创造条件争取先机,比如行业标准,那就是地位,就是话语权,就是影响力,在市场竞争中要想办法推出自己的标准让市场接受,或者起码在行业标准制定上有话语权。一个企业如果长期据守行业核心技术,他就是这个行业的龙头。

兵战之“险形”者,类似市场竞争中的市场壁垒。如果进入一个可以设置壁垒的市场,那么在进入之后就一定要从保护自身利益的角度出发,尽快推出壁垒举措。而面对早已壁垒重重的市场,最明智的做法就是躲开它,绕着走。

兵战之“远形”者,类似市场竞争中两个毫无关联的领域,如果强行要把它们连接在一起,费力而无利。要行动就一定要深思熟虑,不可因一时冲动而鲁莽行事。即使实力雄厚,也未必一定要走多元化经营的道路。潜心做好一二,必能成为大家。传世的技艺从来都是一招鲜、一招绝,而不是样样通。

兵战,将帅不可不知地形地势之道;企业经营,领导不可不做市场环境分析。职责所在,重于泰山,慎之又慎,不可不察。

【原 文】

凡兵有走者、有驰者、有陷者、有崩者、有乱者、有北者。凡此六者，非天之灾，将之过也。夫势均，以一击十，曰走；卒强吏弱，曰驰；吏强卒弱，曰陷；大吏怒而不服，遇敌怼而自战，将不知其能，曰崩；将弱不严，教道不明，吏卒无常，陈兵纵横，曰乱；将不能料敌，以少合众，以弱击强，兵无选锋，曰北。凡此六者，败之道也，将之至任，不可不察也。

【译 文】

举凡用兵失败，不过“走”“弛”“陷”“崩”“乱”和“北”六种现象。这六种现象，都不是由天灾造成的祸害，而是由将帅的过失造成的。在敌我双方条件相当、势力均等的情况下，却还要以一击十，这样的失败叫作“走”；士卒强悍而将吏懦弱，不能统辖管束，指挥松散无力，这叫作“弛”；将吏本领高强而士卒懦弱，因而失败的，叫作“陷”；部将怨怒而不服从主将之命，遇到敌人愤然擅自出战，主将又未能了解他的才能而加以控制，这叫作“崩”；将帅懦弱而缺乏威严，管理教育无章法，下级官兵无所适从，布兵列阵杂乱不整，这叫作“乱”；将帅不能正确判断敌情，而以少击众、以弱击强，又无精锐部队为骨干，因而失败的，叫作“北”。以上六种情况，都是造成战场上失败的原因，这是将帅的重大责任所在，是不可不认真考察研究的。

【点睛之笔】

作为团队领军人物，一定要注意防范“非天之灾，将之过也”

一类的错误。

孙武分析了用兵失败常见的六种错误,必须引起高度重视。

领导应该有自信,但不要自以为是;应该积极进取,但不要盲目自大;有条件要上,没有条件可以创造条件,若没有条件还要硬上,就是撞南墙。

没有必胜的把握和条件,却要以寡敌众、以一击十,自以为很有胆识、很高明,实则是以卵击石,自不量力,这样的领导和决策不可取。

团队有基础,成员意志坚定,但领导软弱无力,必然导致以下犯上,这样的状态要尽早改变,不能让平庸无能之辈阻碍事业发展。

领导有抱负有追求,但团队缺乏斗志,一遇到困难必然溃散,所谓"一头狮子带领一群羊,就可以打败一只羊带领的一群狮子",只可能是神话。

部下对领导有怨气,不服管理又好擅自行动,领导不了解部下的能力水平,这样的团队一定是一盘散沙,没有战斗力。

团队管理无方,没有规矩,杂乱无章,行为失当,这是乱局危象。

领导者不善分析判断,不善组织整合,不善应对变化,不善把握时机,不善选择切入点,是一定会打败仗的。

领导要带领团队成就事业,不可不慎察"失败之道"。

领导不能满足于位和威,不能陶醉于权和势。

【原 文】

夫地形者，兵之助也。料敌制胜，计险厄远近，上将之道也。知此而用战者必胜，不知此而用战者必败。故战道必胜，主曰无战，必战可也；战道不胜，主曰必战，无战可也。故进不求名，退不避罪，唯民是保，而利合于主，国之宝也。

【译 文】

地形是用兵打仗的辅助条件。正确判断敌情以克敌制胜，考察研究地形地势的险易，计算道路的远近，这些都是高明的将帅必须懂得的道理和应掌握的法则。把这些法则运用于指挥作战，就一定能胜利；不明白这一点，就去指挥作战，一定会失败。所以，根据战场的实际情况判断确有必胜把握，即使国君不让出击，也要坚决出击，而无须听从君命；如果根据战场态势判断没有必胜把握，即使国君命令出战，也可不顾君命而拒绝出战。所以，身为将帅，应该进不贪求战胜的功名，退不回避违抗君命的罪责，只求保全民众的生命财产和符合国君的根本利益，这样的将帅才是国家最宝贵的人才。

【点睛之笔】

地形是打仗的辅助条件，市场环境是企业经营的外部条件。

领导者的基本功之一，就是认识环境、分析环境。

领导者要善于识变、善于应变，要善于谋划、善于决策。

从实际出发，按规律办事，这是每一位卓越的领导者都应该

坚持的基本原则,但未必每一位领导者都能做到,因为实事求是有时要付出沉重的代价。

领导者的牺牲精神就是置个人荣誉于不顾,进趋不是为了个人争名逐利,退避不是为了推卸责任,永远以组织的利益为重,以组织的目标为目标。

精神境界是领导者的职业操守,万万不可丢。

【原 文】

视卒如婴儿,故可以与之赴深溪;视卒如爱子,故可与之俱死。厚而不能使,爱而不能令,乱而不能治,譬若骄子,不可用也。

【译 文】

将帅对待士卒如同对待婴儿一样体贴,士卒就可以跟将帅一起去赴汤蹈火;将帅对待士卒如同对待自己的爱子一样,士卒就可以与将帅同生共死。但是对士卒若一味优待而不能使唤,一味宠爱而不能使他们听从号令指挥,士卒违法乱纪而不能整治,这样的军队犹如娇生惯养的孩子,是不能用来打仗的,更不用说打胜仗了。

【点睛之笔】

爱兵如子,是以人为本的经典体现。

视卒如婴,视卒如爱子,与士卒同甘共苦,可以获得战无不胜的群众力量,这是管理学所推崇的理念,也是很多领导者所追求的结果。

爱兵如子，不等于溺爱。溺爱出娇子，甚至是逆子，出不了战士。

推行以人为本的理念，领导者要走好四步棋：用企业理念影响其心性；用规章制度约束其行为；用文化道德熏陶其思想；用惩戒措施纠正其过错。

【原 文】

知吾卒之可以击，而不知敌之不可击，胜之半也；知敌之可击，而不知吾卒之不可以击，胜之半也；知敌之可击，知吾卒之可以击，而不知地形之不可以战，胜之半也。故知兵者，动而不迷，举而不穷。故曰：知彼知己，胜乃不殆；知天知地，胜乃可全。

【译 文】

只知道我军能打仗，而不了解敌军不可以攻打，取胜的可能性只有一半；只知道敌军可以攻打，而不了解我军不能打仗，取胜的可能性也只有一半；知道敌军可以攻打，也知道我军能打仗，但不了解地形不利于作战，取胜的把握仍然只有一半。所以，真正懂得用兵打仗的将帅，他行动起来目的明确而不会迷惑，策略措施变化多端而不会穷竭。所以说，了解对方，也了解自己，每战必立于不败之地；如果再了解天时地利，那么，胜利就不可穷尽了。

【点睛之笔】

追求全胜其实也许很简单：知己知彼，知天知地。

充分了解一切可能的情报信息，充分掌握真实的第一手资料，充分进行科学分析，这样做出的决策和采取的行动，一定能取得预期的结果。

可行性分析，同时应该包含不可行性分析。

要看到对手的弱点和不足，更要看到对手的优势和力量；要看到自己的优势和力量，更不要忽视自己的弱点和不足。

可行性分析最忌一边倒的片面认识。

九地第十一

【原 文】

孙子曰:用兵之法,有散地,有轻地,有争地,有交地,有衢地,有重地,有圮地,有围地,有死地。诸侯自战其地者,为散地;入人之地不深者,为轻地;我得则利,彼得亦利者,为争地;我可以往,彼可以来者,为交地;诸侯之地三属,先至而得天下众者,为衢地;入人之地深,背城邑多者,为重地;山林、险阻、沮泽,凡难行之道者,为圮地;所由入者隘,所从归者迂,彼寡可以击吾之众者,为围地;疾战则存,不疾战则亡者,为死地。是故散地则无战,轻地则无止,争地则无攻,交地则无绝,衢地则合交,重地则掠,圮地则行,围地则谋,死地则战。

【译 文】

孙武说:按照用兵的一般法则,战地形势可分为散地、轻地、争地、交地、衢地、重地、圮地、围地、死地共九种类型。诸侯在自己的领地上与敌作战,这样的战区叫散地;进入敌境不深之处作战,叫轻地;我军先占领对我有利,敌军先占领对敌有利的,叫争地;我军可以去,而敌军也可以来的,叫交地;敌我和其他诸侯国接壤的地区,先到就可以结交诸侯并取得支持的,叫衢地;深入敌境,越过敌人许多城邑的地区,叫重地;山高水险、林木茂密、水网

纵横，凡难以通行的，叫圮地；进军之路狭隘，回归之路迂远，敌人可以少击众的地区，叫围地；疾速进战就可以存活，不疾速进战就会被消灭的，叫死地。因此，在散地，不宜与敌作战；在轻地，不宜停留；遇争地，应先于敌占领，若敌已占领，则不要唐突出击，强行进攻；在交地，各部要互相连接，防敌阻绝；逢衢地，则应注意结交诸侯；深入重地，则应掠夺物资，就地解决军需补给；碰上圮地，要迅速通过；陷入围地，要巧设奇计以求脱困；若置之死地，那就要奋勇作战，死里求生。

【点睛之笔】

环境分析太重要了。兵圣一再谈论这一话题，足见其重要性。

市场营销，一定要以对市场类型的科学分析、准确判断为基础。

关乎核心利益得失的市场一定要抢先拿下，这才叫竞争。

在一个缺少垄断和保护的市场中，一定要确保自己的力量和资源相互联系，不被他人阻断。

在有利于造势的市场中，一定要通过结盟扩大自己的影响。

对于利润空间巨大的市场，一定要采取“撇脂策略”，迅速攫取利益，不给对手留下机会。

在谋取市场利益的同时，要注意随时可能发生的风险，不要让自己的组织陷于意料之外的困难境地。

领导者和经营者要有趋利避害的应变能力，有时候要敢于主动放弃。撤退是为了减少不必要的损失，也是为了抢占下一个先机。

涉足容易抽身难的市场、易守难攻的市场，要多动脑子，最忌用强。

不幸陷于困境之中，要振奋精神拼死一搏，不能坐以待毙。

面对包围要有智，身陷困境当有勇。置之死地而后生，精神化作无穷力。

【原 文】

所谓古之善用兵者，能使敌人前后不相及，众寡不相恃，贵贱不相救，上下不相收，卒离而不集，兵合而不齐。合于利而动，不合于利而止。敢问：敌众整而将来，待之若何？曰：先夺其所爱，则听矣。兵之情主速，乘人之不及，由不虞之道，攻其所不戒也。

【译 文】

所谓古时善于用兵打仗的人，能使敌人前后无法策应配合，主力大部队和小部队无法协同依恃，官兵不能相互救援，上下隔断无法收拢，士卒溃散无法聚集，即使凑合在一起，也杂乱不整。坚持有利就行动、无利就停止的原则。试问：若敌人众多且阵势严整地来攻击我，用什么办法对付呢？回答是：先攻击敌人的要害之处，击垮其最重视的有利条件，这样敌人就会被迫听从我的摆布了。用兵打仗的原则，主要是靠行动神速，趁敌人猝不及防，从意想不到的道路，去攻击其虚懈无备之处。

【点睛之笔】

在战场上能让敌人随我意图而动，就是用兵高手；在市场竞争中能改变对手行动，就是竞争高手。

不仅能调动自己的力量，还善于调动对手力量的，就是领导高手。

调动对手使其不能互相照应，胜利就在自己手中。

一切围绕自己的利益目标而动，不做损害自身利益的事。

不管多么强大的对手，都有致命的弱点。找准能牵制其心志、削弱其力量的地方展开竞争，就能掌握主动。

用快速行动使其来不及反应，这就叫“兵贵神速”，市场竞争也是如此。

在对手意想不到的地方出击，使其防不胜防，这就叫出其不意，商战取胜也当如此。

【原 文】

凡为客之道，深入则专，主人不克；掠于饶野，三军足食；谨养而勿劳，并气积力；运兵计谋，为不可测。投之无所往，死且不北，死焉不得，士人尽力。兵士甚陷则不惧，无所往则固，深入则拘，不得已则斗。是故其兵不修而戒，不求而得，不约而亲，不令而信。禁祥去疑，至死无所之。吾士无余财，非恶货也；无余命，非恶寿也。令发之日，士卒坐者涕沾襟，偃卧者涕交颐，投之无所往，诸、刿之勇也。

【译 文】

大凡进入敌国作战的一般原则是:越是深入敌境,士卒心志就越是专固,敌人就越是不能战胜我军;在敌人富饶之地进行抄掠,以保证我军有充足的给养;注意让士卒多加休养而不要使其劳顿,增强士气,养精蓄锐;合理用兵,巧设计谋,使敌不能探知我军虚实及意图。将部众投向无路可走的绝境,他们就会产生一种纵使战死也不败退的心理;有这样必死的决心,将士们就会奋力作战。士卒深陷危亡之境,就无所畏惧;走投无路,就心专志固,不会动摇;深入重地,就不易涣散;迫不得已,就会拼死作战。这样的军队,不待整治就会自行戒备,不用要求就会积极完成任务,不用约束就能亲和团结,不待号令就能信守服从。军中禁止妖祥迷信,消除惑人之言,便至死也不会败退。我军将士没有多余的钱财,并不是不爱财物;他们不怕牺牲,并不是不想长寿百年。当作战命令发布之日,士卒们坐着的泪洒衣襟,仰卧的泪流满面。把他们投到无路可走的绝境,就会像专诸和曹刿那样勇敢杀敌了。

【点睛之笔】

人是社会性动物,也是感情动物。要关注人性、人情、人格,关注其情绪、精神、健康和士气。

在对方的地盘展开活动,尤其要加强自身团结,这样才不会轻易被打败。

要及时将对手的资源变成自己的利益,以壮大自身。

在工作中要注意劳逸结合，养精蓄锐，提高士气。

困难和艰险，是压力、阻力，但更是凝聚黏合剂，能激发团队众志成城的战斗意志。

管理其实很简单：让大家心往一处想，劲往一处使。

心念一致，方能心想事成；身陷绝境，常能激发潜能；置之死地，勇而后生。

良好的管理状态是：管理者说得很少，而大家依程序而为，做得很多。

一定不能让谣言、妖言蛊惑人心，扰乱意志。

在团队管理中，要放大正面声音，激发正能量，保持正向状态。

【原 文】

故善用兵者，譬如率然。率然者，常山之蛇也。击其首则尾至，击其尾则首至，击其中则首尾俱至。敢问：兵可使如率然乎？曰：可。夫吴人与越人相恶也，当其同舟而济，遇风，其相救也如左右手。是故方马埋轮，未足恃也；齐勇如一，政之道也；刚柔皆得，地之理也。故善用兵者，携手若使一人，不得已也。

【译 文】

善于用兵打仗和指挥作战的人，能使部队像率然一样。率然是北岳恒山地区的一种蛇，这种蛇，打它的头部，尾部就来救应；打它的尾部，头部就来救应；打它的腹部，头部和尾部都来救应。试问：可以使军队像率然那样吗？回答是：可以。吴国人和越国人虽相互仇视，但当他们同舟共济时，如遇大风，相互救援就像人的左右手一样。因此，想用拴住战马、掩埋车轮的方法来稳定军队，那是靠不住的；能使三军之众无不齐力同勇，才是军队思想政治工作所应坚持的原则；能使高下、险易等不同的地形、地势都得其所用，这是掌握地理条件的原则要求。所以，善于用兵打仗的人，能使三军部众携手团结仿如一人，这是由于客观环境条件迫使他们不得不这样做。

【点睛之笔】

能应对自如，方为高手。

团队组织本就是有机整体，当有生命力体征，能根据外部情况变化自发应变。

团队组织管理最忌把成员变成机械模块，虽能动，却无生命力。

用强迫的方法稳定团队，根本就是错误的。

什么叫不得已？就是从情、理、法无论哪个角度讲，结论都一样，只能如此，而别无他途，别无他法。

洞悉人性，治众如治一人，治一人则如治己。

【原 文】

将军之事，静以幽，正以治。能愚士卒之耳目，使之无知；易其事，革其谋，使人无识；易其居，迂其途，使人不得虑。帅与之期，如登高而去其梯；帅与之深入诸侯之地，而发其机，焚舟破釜，若驱群羊，驱而往，驱而来，莫知所之。聚三军之众，投之于险，此谓将军之事也。九地之变，屈伸之利，人情之理，不可不察也。

【译 文】

作为统帅要做的事，最重要的是沉着冷静以考虑和决定必胜之策，同时也要公正而严整地搞好军队的管理教育。要能蒙蔽士卒的耳目，不使他们知道军事计划；临时变更业已布置停当的事情，中途改易原来的计划，让人摸不着头脑；经常改换防地，故意绕道行军，使人无法推断行动意图。对部众下达战斗任务，就如同登高而抽去梯子那样，让他们后退无路；将帅统率部队深入敌国而发出战斗命令，就像弩机射出箭矢一样一直往前，烧掉船只，砸烂锅灶，表示必死决心，像驱赶羊群那样，驱过来，赶过去，他们都只知听从指挥，而不知究竟要到哪里去。聚拢三军部众，将他们投于险境，使他们拼死奋战，这就是统帅的责任。根据不同的地形、地势做出不同的布置，根据情况采取有利的伸缩进退策略，掌握士卒在不同情况下的心理状态，这些，都是将帅不能不审慎考察研究的。

【点睛之笔】

作为领导者首先要静幽:宁静悠远,看长远,有深度,不张扬,无杂念。

作为领导者一定要正直:正气、正派、正义,不搞歪门邪道。

善变,只是掩藏行动意图的一种策略手段,也是保护自身利益不受损害的举措,而不应理解为领导者品德有问题;

有时候为了避免不必要的误会和争论,可以采取实情不下传的做法,这是管理策略,而不能理解为愚民政策;

有时候分派有去无回的任务,只是为了激励其完成任务的斗志,而不能理解为不负责任地草菅人命。

破釜沉舟,视死如归,不是不要命,恰恰是为了死里求生,所谓“置之死地而后生”“两强相遇勇者胜”。

在发展的道路上,充满了艰险困难,领导者的重要职责之一,就是在团队遇到困难的时候,带领大家拼死一搏,走出困境,走向光明。

身为团队的领导者,要随时关注外部环境的变化,要及时调整进退策略,还要洞悉人情世故。

常言所谓“重赏之下必有勇夫”,是人性;“官逼民反”也是人性;“士为知己者死,女为悦己者容”还是人性。

【原 文】

凡为客之道，深则专，浅则散。去国越境而师者，绝地也；四达者，衢地也；入深者，重地也；入浅者，轻地也；背固前隘者，围地也；无所往者，死地也。是故散地，吾将一其志；轻地，吾将使之属；争地，吾将趋其后；交地，吾将谨其守；衢地，吾将固其结；重地，吾将继其食；圮地，吾将进其途；围地，吾将塞其阙；死地，吾将示之以不活。故兵之情：围则御，不得已则斗，过则从。

【译 文】

大凡进入敌国境内作战的一般原则是：进入敌境越深，部众就越团结一致；进入敌境越浅，士卒就越易逃散。离开本国越过邻国进入敌国作战的，那是绝地；四通八达的，是衢地；深入敌境的，是重地；进入敌境而不深的，是轻地；后方险固而前阻隘路的，是围地；走投无路的，是死地。因此，在散地，要使部众心志专一；在轻地，要使部队相互连接；在争地，要快速前趋到它的后面；遇交地，要懂慎防守；逢衢地，要加强巩固与邻国诸侯的结盟；深入重地，要掠敌继食，保证我方的供给；碰上圮地，要快速通过；陷于围地，要堵塞缺口；置之死地，那就要显示出必死的决心，以拼命求活。士卒的心理变化是这样的：一被围困，就想抵抗；迫不得已，就会狠命死斗；深陷危境，就会言听计从。

【点睛之笔】

此处又一次对“九地说”做系统解析，虽属总结性文字，却足显环境分析之重要。

兵圣之用心，领导者当体悟。

【原 文】

是故不知诸侯之谋者，不能预交；不知山林、险阻、沮泽之形者，不能行军；不用乡导，不能得地利。四五者，不知一，非霸王之兵也。夫霸王之兵，伐大国，则其众不得聚；威加于敌，则其交不得合。是故不争天下之交，不养天下之权，信己之私，威加于敌，故其城可拔，其国可隳。施无法之赏，悬无政之令；犯三军之众，若使一人。犯之以事，勿告以言；犯之以利，勿告以害。投之亡地然后存，陷之死地然后生。夫众陷于害，然后能为胜败。故为兵之事，在顺详敌之意，并敌一向，千里杀将，是谓巧能成事。

【译 文】

不了解列国诸侯的战略意向，就不能与之结交；不熟悉山林、险阻、沼泽等地理情况，就不能行军；不用向导，就不能得地利。如上几个方面的事，如果有一项不知道，就不能算是"霸王之兵"。所谓"霸王之兵"，讨伐大国，能使其来不及聚拢兵众；加兵威于敌方，能使其得不到盟国诸侯的配合策应。因此，即使不争着去与天下诸侯结交，也不在天下诸侯间培植自己的权势，只要依靠自己的力量，加兵威于敌方，就可拔取其城邑，灭亡其国家。可以施行超出惯例的奖赏，颁布打破常规的命令，指挥全军部众就像指使一个人一样。只让他们去做具体的事情，而不向他们说明谋略意图；只告知他们有利的一面，而不告诉他们有什么危害。

把他们投入亡地,他们就会拼命求活;让他们陷入死地,他们就会死里求生。军队陷于危亡的境地,就能在极为不利的情况下充分发挥主观能动作用,从而夺取战争主动权,化害为利,转败为胜。所以,用兵打仗这种事,关键就在于能审慎考量敌人的意向,集中兵力于主攻方向,纵千里奔袭,也能擒杀敌将,这就是所谓能用妙策成大事的意思。

【点睛之笔】

要想成大事,领导者必须要有政治联盟大格局、战略利益大视野和公共关系大手笔。

将兵法思想运用于市场营销,就是指在进入一个新的市场时,可以选择结交行业领袖、熟悉规则、找向导、组建联盟、利益驱动等策略。

所谓霸气、霸道,无非是行动之际,对手对内来不及聚众应付,对外无盟友支援。让对手陷于内困外孤之境,你就是霸王。

要想稳坐行业头把交椅,靠的是势,必须得有实力。

有时候需要一些破例的做法,重奖或严罚,这就是特殊问题特殊处理。敢赏、敢重赏、敢破格提拔,才会激发斗志,才有胜利可言;敢罚、敢严罚、敢不留情面,才能杀一儆百,才能扭转风气。

指挥部下做事,可以做好宣传鼓励工作,但不要解释太多。

不要害怕置于绝境。绝处逢生,险中求生,这是人的本性。

打仗不只拼实力,也用巧谋;市场营销也是如此,把实力和谋划结合起来,周详地了解对手的意图,找准其要害,看准时机果断出手,就能收到奇效。

【原 文】

是故政举之日，夷关折符，无通其使，厉于廊庙之上，以诛其事。敌人开阖，必亟入之，先其所爱，微与之期。践墨随敌，以决战事。是故始如处女，敌人开户，后如脱兔，敌不及拒。

【译 文】

因此，作战行动开始之时，就要封锁关口，废除通行凭证，不与敌国使节往来，在庙堂上反复计议，研究决定作战大计。敌人一旦有隙可乘，必须迅速采取行动，乘机而入，以突然袭击之举抢先夺得其所倚仗的有利条件，而不必同敌约期会战。实施计划要破除成规，因敌之变化，灵活决定自己的作战行动，以求战争胜利。所以，开始时，要像处女一样沉静以等待时机，敌人一旦暴露弱点，就须像脱兔那样迅速采取行动，使其来不及抵抗。

【点睛之笔】

兵圣为我们构建了一个十分有用的执行力模型。

排除一切干扰因素，进行周密科学的分析，反复推敲，研究决定行动方案。

一旦机会成熟，条件具备，立即采取行动，直奔核心利益而去。

在实施计划的过程中，高度关注事态的发展变化，随时做出调整，以便从容应对。

确保速度，让对手来不及做出反应，以快制胜。

火攻第十二

【原 文】

孙子曰:凡火攻有五:一曰火人,二曰火积,三曰火辎,四曰火库,五曰火队。行火必有因,烟火必素具。发火有时,起火有日。时者,天之燥也。日者,月在箕、壁、翼、轸也。凡此四宿者,风起之日也。

【译 文】

孙武说:大凡火攻,其形式不外乎如下五种:一是火烧敌军人马,二是焚烧敌军粮草,三是焚烧敌军辎重,四是焚烧敌军仓库,五是焚烧敌军的运输设备。实施火攻,必须具备一定的条件,引火之物平时就要有所准备。火攻要选择有利的时间,引火要选准有利的日期。所谓有利的时间,是指气候干燥;所谓有利的日期,是指月亮行经箕、壁、翼、轸这四个星宿位置的时候。当月亮运行到这四个星宿位置时,就是起风的日子。

【点睛之笔】

冷兵器时代的火攻,无异于现代技术条件下的核战,威力无比,杀伤力巨大。

火攻可以选择不同的目标,还要有玩火的条件和资本。

市场竞争中的价格战，就类似于古代兵战中的火攻术。打价格战要考虑利润空间，还要考虑工资、原材料、设备、物流等成本的承受力。

不计成本的价格战之争，最终一定会两败俱伤。

【原 文】

凡火攻，必因五火之变而应之。火发于内，则早应之于外。火发而其兵静者，待而勿攻，极其火力，可从而从之，不可从而止。火可发于外，无待于内，以时发之。火发上风，无攻下风。昼风久，夜风止。凡军必知五火之变，以数守之。

【译 文】

大凡实施火攻，必须灵活运用上述五种不同的火攻方式并派兵配合策应。若在敌人内部放火，就须及早派兵从外边策应；若火已烧起，而敌人仍然保持安静，要观望等待一下，不要贸然进攻，等到火势已尽，再视情况，可以进攻就进攻，不可以进攻就停止。不过，也可以从外面放火，而不必等待内应，只要时间合适就行。在上风放火，不可从下风迎击敌人。白天风刮久了，到夜间就会停下来。大凡指挥军队作战，必须懂得灵活运用上述五种火攻方式，一旦发火条件具备，就施行火攻。

【点睛之笔】

一种手段的运用，必须要有相应的手段来配合，这样才能取得最佳效果。

不要以为自己手段强劲有力，对手就会臣服，一切要以结果来判断。

只要条件具备，就采取行动，但要随时关注行动方向。

【原 文】

故以火佐攻者明，以水佐攻者强。水可以绝，不可以夺。

【译 文】

所以，用火来辅助进攻，成效就显著；用水来辅助进攻，攻势必然更猛烈。水可以分割、阻断敌人，而不如火攻那样可以焚毁敌人的物资器械。

【点睛之笔】

自古冰火两重天，从来水火不相容。但是在兵战历史上，水火之攻却是最有力的制胜手段。

兵战中火攻效果明显，市场营销中价格战立竿见影；

兵战中水攻势力强大，市场营销中价值战才是核心。

兵战中火攻可以将对手置于死地，市场营销中价格战打到最后，可能两败俱伤；

兵战中水攻阻隔敌人，市场营销中价值战可不动声色地壮大自己。

市场竞争中，打价格战，一般采用低价策略，目的是取得市场占有率，占领市场份额；而价值战采用的是品牌策略，通过树立品牌，确立高品质形象和市场美誉度，最终赢得的是高收益。

【原 文】

夫战胜攻取，而不修其功者凶，命曰“费留”。故曰：明主虑之，良将修之。非利不动，非得不用，非危不战。主不可以怒而兴师，将不可以愠而致战。合于利而动，不合于利而止。怒可以复喜，愠可以复说，亡国不可以复存，死者不可以复生。故明主慎之，良将警之。此安国全军之道也。

【译 文】

战争中打了胜仗，攻取了敌方的土地、城池，若不能巩固胜利成果并抓住有利时机，那就很危险，到头来可能竹篮打水一场空，这样的命运结局就是古语所谓“费留”。因此，明智的国君要慎重考虑这个问题，贤良的将帅要认真处理这个问题。不是对国家有利的事情，就不要行动；没有十足的把握能获胜，就不要用兵；不到危急紧迫之际，就不要轻易开战。国君不可因一时的怨愤而发动战争，将帅也不可因一时的恼怒而贸然出战。符合国家利益就行动，不符合国家利益就停止行动。怨愤可以重新喜悦起来，恼怒也可以重新高兴起来，而一旦国家亡了，就不能复存，人死了就不能再生。所以，明智的国君对待战争要慎之又慎，贤良的将帅对待战争要分外警惕，这是安定国家和保全军队的重要原则。

【点睛之笔】

孙武在这里提到两个特别重要的问题，值得我们深思和审视。

第一个问题:赢了以后怎么办?

打仗的目标就是要取胜,企业营销的目标就是要赚钱。那么,战争打赢了,接下来怎么办?同样,企业营销赚了钱,接下来怎么办?

胜而能守,才是高手。

企业经营赚了钱,怎么花?要本着对组织负责、对大家负责、对前途负责的原则,花本钱打造核心竞争力。

从将之五德“道天地将法”可知,花钱有去处:文化建设,市场研究,技术开发,管理培训,福利提升。

第二个问题:心火如魔,冲动是魔鬼,怎么防范?

心火无形,最难驾驭,领导者当警、当慎。

既然冲动是魔鬼,那就不要在情绪激动的时候做决策。

世上没有后悔药,失去理智要付出代价,想想刘备怒而兴师的后果和结局。万不可因为自己一时不理智、不冷静而毁了大家的前程。

永远围绕核心利益和战略目标来决策、来行动,这是避免出现重大失误的一条有效途径。

用间第十三

【原 文】

孙子曰：凡兴师十万，出征千里，百姓之费，公家之奉，日费千金；内外骚动，怠于道路，不得操事者，七十万家。相守数年，以争一日之胜，而爱爵禄百金，不知敌之情者，不仁之至也，非人之将也，非主之佐也，非胜之主也。故明君贤将所以动而胜人，成功出于众者，先知也。先知者，不可取于鬼神，不可象于事，不可验于度，必取于人，知敌之情者也。

【译 文】

孙武说：大凡出兵十万，征战千里，百姓的耗费和国家的开支，每天都要花费千金之巨；全国上下骚动不安，民众服徭役而疲惫于途，不能从事正常耕作的多达七十万户。战争双方相持数年，是为了与敌争夺一时的胜利，在此情况下，如果因爱惜爵禄和金钱，不肯重用间谍，以致不了解敌情而导致失败，那就是最不仁爱的了。这样的将帅，就不是军队的好统帅，也不配担任国君的辅佐，更不是胜利的主宰者。明智的国君和贤能的将帅之所以一出兵就能战胜敌人，成功超出众人之上，其重要原因就在于事先能察知敌情。而要预知敌情，不可用迷信鬼神和占卜等方法获取，不可以过去相似的事情做类比，也不可通过观察日月星辰的

运行位置去占卜，而必须从了解敌情的间谍那里去获得。

【点睛之笔】

打仗是很耗费资金的事情，一定要舍得花钱收买情报信息。在现代市场营销活动中，情报信息同样需被高度重视，要舍得投资，舍得花钱搞调研，舍得花钱搜集情报信息。

在情报信息上小气吝啬是愚蠢的做法，这样的领导者缺乏远见。

红军长征途中，面对敌人的围追堵截，我军总能跳出包围圈化险为夷，一个很重要的原因就是在情报信息工作方面十分出色。

情报信息有助于先知，先知的目的是为了取胜。而要做到先知，不靠迷信，不靠占卜，靠的是扎实有效的情报信息工作。

求签、算卦、看相、测八字，将未来的命运寄托于神，这是愚蠢至极的做法。只有向最熟悉情况的人请教，才科学，才靠谱。

【原 文】

故用间有五：有因间，有内间，有反间，有死间，有生间。五间俱起，莫知其道，是谓神纪，人君之宝也。因间者，因其乡人而用之；内间者，因其官人而用之；反间者，因其敌间而用之；死间者，为诳事于外，令吾间知之，而传于敌间也；生间者，反报也。

【译 文】

使用间谍有五种：因间、内间、反间、死间和生间。五种间谍若都使用起来,就可以使敌人无从捉摸我方用间的规律,这就是神妙莫测,也是国君克敌制胜的法宝。所谓因间,也叫乡间,是利用敌国乡里的普通人做间谍;所谓内间,是指收买敌国的官吏做间谍;所谓反间,是指收买或利用敌方间谍为我方效力;所谓死间,是指制造虚假情报并在外面声张,并让潜伏在敌人内部的我方间谍知道而传给敌人,敌方发觉上当后往往会将其处死;所谓生间,是指潜入敌国侦察后能返回报告敌情的人。

【点睛之笔】

兵圣详述用间的手段,直到今天也很有借鉴价值。

要获取必要的情报信息,可以向对方普通群众去了解,也可以从对方管理者方面下功夫,还可以派人打入对方内部去。

手段多种多样,而一些组织的情报信息工作之所以还是做不好,一个很重要的原因是缺乏情报意识。

【原 文】

故三军之事,莫亲于间,赏莫厚于间,事莫密于间。非圣智不能用间,非仁义不能使间,非微妙不能得间之实。微哉!微哉!无所不用间也。间事未发而先闻者,间与所告者皆死。

【译 文】

所以军队中的亲信,没有比间谍更亲信的;军中的奖赏,没有比间谍更优厚的;军中的事情,也没有比安插间谍更机密的。不具备超凡才智的将帅不能使用间谍,不以仁爱为怀、不讲正义原

则的人也不能使用间谍,不是用心精细、深密谋虑、手段巧妙的将帅,就不能正确判断所获敌情的真伪。微妙啊!微妙啊!无时无处不可使用间谍。使用间谍的事还没施行,就已泄露出去,间谍本人及其所告诉的人都得处死。

【点睛之笔】

搜集情报信息的人,一定是领导者最亲信的人。他们的工作非常人所能完成,他们所带来的价值非一般工作所能相比,他们所承受的压力非常人所能理解。因此,要舍得重奖情报信息工作者。

情报工作最忌口风不紧,泄密就意味着情报信息工作的失败,所以要严惩泄密者。

【原 文】

凡军之所欲击,城之所欲攻,人之所欲杀,必先知其守将、左右、谒者、门者、舍人之姓名,令吾间必索知之。必索敌人之间来间我者,因而利之,导而舍之,故反间可得而用也。因是而知之,故乡间、内间可得而使也。因是而知之,故死间为诳事,可使告敌。因是而知之,故生间可使如期。五间之事,主必知之,知之必在于反间,故反间不可不厚也。

【译 文】

凡是我方要攻击的敌军,要拔取的城邑,要射杀的敌方人员,必须事先了解其警卫将吏、左右亲信、接待传达、门卫守备、门客幕僚等有关人员的姓名,务必令我方间谍将这些情况侦察清楚。对于敌人派来刺探我方情报的间谍人员,也必须把他们搜查出来,并用重金收买他们,优礼款待他们,引诱开导他们,交代任务然后放他们回去。这样,反间就可以为我所用了。反间既可为我所用,那么,乡间和内间就可为我所用;反间既可为我所用,那么,死间就能将假情报传给敌人;反间既可为我所用,那么,生间也可按规定时间回报敌情。五种间谍使用之事,国君必须懂得并亲自过问,其中的关键就在于反间的运用。所以,对反间是不能不给予优厚待遇的。

【点睛之笔】

情报信息工作很细碎、很具体,来不得半点马虎大意、疏忽懈怠。

兵圣的论述,我们也可将其运用到实际工作中。比如了解一个人,不能只看简历,最好能查清其外围,通过了解其兴趣、志向、爱好、朋友、父母、家境等,就会对其有比较生动全面的认识。

情报信息工作应该是领导者亲自过问并主抓到底的工作。

【原　文】

昔殷之兴也,伊挚在夏;周之兴也,吕牙在殷。故惟明君贤将,能以上智为间者,必成大功,此兵之要,三军之所恃而动也。

【译　文】

从前,殷商的兴起,是由于重用在夏为臣的伊尹,伊尹助汤为

间而灭夏；西周的兴起，是由于重用在殷为官的吕牙，吕牙助武王为间而灭商。所以，明智的国君和贤能的将帅，能任用具有大智慧的人做间谍，一定能成就大的功业。这是用兵作战的重要一环，三军之众就是依靠他们提供的情报来决定军事行动的。

【点睛之笔】

要成就大功业，关键在于用人。

越是敢于使用大智大慧之人，越容易取得事业的巨大成功。

看刘邦用三杰，一统天下立大汉。

想刘备用孔明，三分天下有其一。

大智之人可堪大用，当给大舞台。

正所谓：大智大慧之人，大用有大得，小用有小得，不用则不得。

将苑

《将苑》卷一

兵权

【原 文】

夫兵权者，是三军之司命，主将之威势。将能执兵之权，操兵之要势，而临群下，譬如猛虎，加之羽翼而翱翔四海，随所遇而施之。若将失权，不操其势，亦如鱼龙脱于江湖，欲求游洋之势，奔涛戏浪，何可得也。

【译 文】

兵权，是操纵三军命运的东西，也是将领形成威势的基础。将帅掌握了兵权，就抓住了统领军队的要点，就好像一只猛虎插上了双翼一般，不仅有威势而且能翱翔四海，遇到任何情况都能灵活应变，占据主动。反之，将帅如果失去了这个权力，不能有效指挥军队，就好像鱼、龙离开了江湖，想要求得在海洋中遨游的自由，在浪涛中奔驰嬉戏，那是根本不可能的。

【点睛之笔】

组织管理首先是权力体系的建设。

权力体系始于权立，行于权力，施于权历，惠于权利，终于权威。

权力是领导的命根子,一定要牢牢掌控在自己手中。把自己的命根子交给别人,无异于自绝生路。

权力是威势的基础,对领导来说,有权有势,如虎添翼;无权无势,犹鱼离水。

逐恶

【原 文】

夫军国之弊，有五害焉：一曰结党相连，毁谮贤良；二曰侈其衣服，异其冠带；三曰虚夸妖术，诡言神道；四曰专察是非，私以动众；五曰伺候得失，阴结敌人。此所谓奸伪悖德之人，可远而不可亲也。

【译 文】

不论是治军还是理国，有五种有害行为值得高度警惕，需要严加注意。这五种危害是：结党营私，搞小团体，讥毁、打击有才德的人；另类装扮，哗众取宠，奢侈浪费，穿戴与众不同；迷信盛行，蛊惑人心，扰乱视听，虚夸邪术，制造谣言欺诈众人；挑拨离间，搬弄是非，甚至为了自己的私利而兴师动众；私心太重，计较个人得失，暗中与敌人勾结。但凡做上述事情的人，都是虚伪奸诈、德行败坏的小人，对他们只能远离而不可亲近。

【点睛之笔】

组织中要杜绝五种毛病的出现。

不结党，不搞小团体。干大事业，需要大胸怀、大视野。

不奢侈。朴素的作风是宝贵的财富。

不信邪。在组织中树立尊重科学、相信科学的精神。

不昧心。确立实事求是的原则，做老实人，说老实话，办老实事。

不背叛。树立理想、信念和追求，将自己的命运与组织发展紧密联系在一起。

知人性

【原 文】

夫知人之性，莫难察焉。美恶既殊，情貌不一，有温良而为诈者，有外恭而内欺者，有外勇而内怯者，有尽力而不忠者。然知人之道有七焉：一曰间之以是非而观其志，二曰穷之以辞辩而观其变，三曰咨之以计谋而观其识，四曰告之以祸难而观其勇，五曰醉之以酒而观其性，六曰临之以利而观其廉，七曰期之以事而观其信。

【译 文】

真正地了解一个人的本性，是世间比较困难的事情。这是因为人与人真善美与假丑恶的程度不同，相差悬殊，人的本性与外表也是不统一的。有的人外貌温良却行为奸诈，有的人外表谦恭却心怀欺诈，有的人看上去很勇敢实际上却很怯懦，有的人表现得竭尽全力而内心深处却另有图谋。所以说，真正了解一个人不是很容易的事情。但是要了解一个人的本性还是能够做到的，可以借助如下七种方法：一是用离间的办法询问他对某事的看法，以考察他的志向、立场和是非观；二是用激烈的言辞与他争辩，以考察他的气度和应变能力；三是就某个意见或计划向他咨询，征求他的意见，以考察他的学识、见解；四是告诉他大祸临头，以考察他的胆识、勇气;五是利用喝酒的机会,使他大醉,以观察他的本性、修养;六是以利益对他进行引诱,以考察他是否清廉;七是把事情交付给他去办,以考察他是否有能力,是否值得信任。

【点睛之笔】

掌握"相面之术",知人知面更知心知性。

言谈举动、待人处事,反映一个人的心性,因此可以在工作实践中完成对一个人的考察:

大是大非面前考验一个人的志向;

利益面前考验一个人的品格;

困难面前考验一个人的勇气;

争辩当中体现一个人的应变能力;

出主意、想办法体现一个人的见解;

动手能力衡量一个人的真本事;

饮酒而不贪杯、不失态、不乱性才是真君子、大丈夫。

将材

【原 文】

夫将材有九：道之以德，齐之以礼，而知其饥寒，察其劳苦，此之谓仁将；事无苟免，不为利挠，有死之荣，无生之辱，此之谓义将；贵而不骄，胜而不恃，贤而能下，刚而能忍，此之谓礼将；奇变莫测，动应多端，转祸为福，临危制胜，此之谓智将；进有厚赏，退有严刑，赏不逾时，刑不择贵，此之谓信将；足轻戎马，气盖千夫，善固疆埸，长于剑戟，此之谓步将；登高履险，驰射如飞，进则先行，退则后殿，此之谓骑将；气凌三军，志轻强虏，怯于小战，勇于大敌，此之谓猛将；见贤若不及，从谏如顺流，宽而能刚，勇而多计，此之谓大将。

【译 文】

根据才干的不同，可以把将帅分为九种类型：一是用自己的德行教育部下，用礼法规范部下的行动，对部下关怀备至，嘘寒问暖，与部下同甘共苦，这种将帅是仁将；二是做事能不只图眼前消灾去难，还有长远打算，一丝不苟，不被利益所诱惑，宁愿为荣誉献身，也不屈辱求生，这样的将帅是义将；三是身居高位但不盛气凌人，功绩卓著而不骄傲自大，贤德而不清高，谦让比自己地位低的人，个性刚直又能包容他人，这样的将帅是礼将；四是运用战术高深莫测，足智多谋，身处逆境能转祸为福，面临危险又能逢凶化吉，这样的将帅是智将；五是忠诚信实，对有功之人犒以重赏，对有过之人施以重罚，赏罚分明，奖赏时不拖延，惩罚时不论对方的地位高下，这样的将帅是信将；六是身手矫健，冲锋陷阵时快如战马，气概豪壮、斗志昂扬能胜千夫，善固守边疆，又擅长剑戟，这样的将帅是步将；七是能攀高山，走险地，驰马如风，身先士卒，锐不可当，撤退时在队伍后面抵挡敌兵、掩护他人，这样的将帅是骑将；八是气盖三军，所向无敌，小心谨慎而不马虎，面对强大的敌人愈战愈勇，这样的将帅是猛将；九是遇见贤者虚心请教，对别人的意见从谏如流，能广开言路，待人宽厚又不失刚直，勇敢果断又富于计谋，这样的将帅是大将。

【点睛之笔】

做有人格魅力的领导，善于给大家起模范带头作用。

仁义礼智信，是人格魅力不可或缺的基本要素；

与大家同甘共苦，不见利忘义，不盛气凌人；

能扭转危局，善于临危制胜；

严格执行规章制度，赏罚分明；

办事干练，雷厉风行，身先士卒，声威高大；

发扬民主，善于听取各方意见，尊贤容众。

将器

【原 文】

将之器，其用大小不同。若乃察其奸，伺其祸，为众所服，此十夫之将；夙兴夜寐，言词密察，此百夫之将；直而有虑，勇而能斗，此千夫之将；外貌桓桓，中情烈烈，知人勤劳，悉人饥寒，此万夫之将；进贤进能，日慎一日，诚信宽大，闲于理乱，此十万人之将；仁爱洽于下，信义服邻国，上知天文，中察人事，下识地理，四海之内视如家室，此天下之将。

【译 文】

将帅的气质、气度各有不同，其本领、作用也有大小之分。能察觉他人的奸诈，看到事物潜在的危害、祸端，为部下所信服，这种将领为十夫之将，可以统领十人的队伍，做一班之长。早起晚睡，整日为公事操劳，言辞谨慎小心，能倾听部下的心声，这种将领为百夫之将，可以统领百人的队伍。为人耿直又深谋远虑，勇猛善战，这样的将领是千夫之将，可以统领千人的队伍。外表威武，内心蕴藏着丰富的感情，个性光明磊落，能了解别人的努力和辛苦，又能关心他人的饥寒情况，这种将领为万夫之将，可以统领万人的部队。能举贤能之人，进德修业，不断充实自己，为人忠诚、可信、宽容、大度，善于治理乱世，这样的将领为十万人之将，可以统领十万人的部队。能以仁爱之心待部下，又能使邻国信服，上晓天文，下知地理，善处人际关系，放眼四海之内，治国如同治家，和谐圆满，这样的将领是天下之将，可以治理整个天下。

【点睛之笔】

人的能力有大小，关键是量才使用。

领导的基本功就是察奸伺祸，先于众人发现祸患危机；

领导就意味着责任更大，要比别人多操劳，比别人更辛苦；

领导一定要有爱民之心，关心群众利益；

树立人才观念，大胆而合理地任用贤才；

最高领导者应该是精神的化身。

将弊

【原 文】

夫为将之道，有八弊焉，一曰贪而无厌，二曰妒贤嫉能，三曰信谗好佞，四曰料彼不自料，五曰犹豫不自决，六曰荒淫于酒色，七曰奸诈而自怯，八曰狡言而不以礼。

【译 文】

对为将之人而言，领兵打仗有八个弊端是必须认识到的：一是对钱财看得很重，永不满足，贪得无厌；二是对贤德有才能的人怀有强烈的嫉妒心，人才观念和用人观念严重出错；三是听信谗言，亲近能说会道、巧言谄媚的小人；四是只能分析敌情，却不能正确认识自己的实力，更不愿意承认自己的不足；五是遇事犹豫不决，前怕狼后怕虎，错失行动的时机；六是沉迷于酒色而不能自拔；七是为人虚伪奸诈而又胆怯懦弱；八是狡猾巧辩而又傲慢无礼，不按制度办事。

【点睛之笔】

领导必须高度警惕八种大毛病：

对一己私利的贪得无厌，最终一定会毁了自己的人生；

向一切有本事的人学习，而不是嫉妒；

亲君子远小人，保证自己永远不受迷惑；

既要善于分析对手，也要理性分析自身，知己知彼，方能百战不殆；

遇事不慌固然重要，但更重要的是要能够决断，有自己的主张；

不要让自己沉溺于酒色之中，莫以一时之快而误了大事；

坦诚待人并勇敢面对现实；

不以巧言为自己辩护，不做违反规章制度的事情。

将志

【原 文】

兵者凶器，将者危任，是以器刚则缺，任重则危。故善将者，不恃强，不怙势，宠之而不喜，辱之而不惧，见利不贪，见美不淫，以身殉国，壹意而已。

【译 文】

军兵其实是一种凶器，统兵为将就是在高危之中担当重责。军兵过于强盛刚硬，容易缺损；将领权力过重就会有风险。因此，好的将帅不以自己的军队强大有威势为靠山，行事谨小慎微而不有恃无恐，当他受到君主的宠信时不得意忘形，当他受到别人的诽谤污辱时，也不惧怕、退缩，面对利益诱惑不起贪念，见到美色不心生邪念，只知全心全意，保家卫国，以身殉职。

【点睛之笔】

卓越的职业经理人就是优秀的将军，当为“四有新人”：

重任在肩当有如履薄冰之感，而不是拿来炫耀；

有势但不强势，更不借势欺人，不恃强、不怙势，那叫有精神！

当领导要能“逆来顺受”，宠辱不惊，那叫有修养！

面对利益和美色诱惑能把持住自己，不贪利、不恋色，那叫有志向！

始终不忘自己的职责使命，鞠躬尽瘁，死而后已，那叫有境界！

将善

【原 文】

将有五善四欲。五善者，所谓善知敌之形势，善知进退之道，善知国之虚实，善知天时人事，善知山川险阻。四欲者，所谓战欲奇，谋欲密，众欲静，心欲一。

【译 文】

为将之人，当在能力方面做到“五善四欲”。五善是指：擅长察晓敌人的兵力部署；擅长正确地判断进攻和撤退的时机；擅长了解交战双方的国力虚实；擅长利用对己方有利的时机和环境；擅长利用山川地形的崎岖险阻。四欲是指：作战时要能够出奇制胜；谋划时要周密细致；人多事繁之时追求沉静、稳重；能保持全军上下团结一心，合力抗战。

【点睛之笔】

衡量领导能力的基本标准：

领导要有超乎常人的分析判断能力：

擅长准确判断外部环境变化；

擅长洞察行动进退时机；

擅长分析自身实力；

擅长利用有利时机；

擅长变不利条件为我所用。

领导指挥团队采取行动取胜的基本要素：

计划缜密，行动诡秘，团队镇定，万众一心。

五善是见识，源于责任心；

四欲是能力，确保最终胜利。

将刚

【原 文】

善将者，其刚不可折，其柔不可卷，故以弱制强，以柔制刚。纯柔纯弱，其势必削；纯刚纯强，其势必亡；不柔不刚，合道之常。

【译 文】

优秀的将帅其性格特征应该是有刚有柔，刚柔相济。其刚强刚烈的一面，表现在泰山压顶不弯腰，原则面前不动摇，但又不固执己见；其柔和、温情的一面，表现在固然仁爱慈悲，却不是软弱无力。这样的性格就是刚柔相济，因为柔中有刚，所以能以弱胜强、以柔胜刚。单纯的柔和、一味软弱，只会使自己的威势被削减，以至失败；单纯的刚烈、一味刚强，又会导致刚愎自用，其趋势也注定要灭亡。所以，既不偏柔也不偏刚而是刚柔并济，这才是最理想的性格特点，才是最佳的状态。

【点睛之笔】

性格决定胜败，刚柔并济才是最佳状态。

刚强刚健、宁折不弯，是一种力量，是一种气势；

温柔而不柔弱，也是一种力量；

刚柔并济，绵里藏针，才有以柔克刚之果。

单纯的刚容易导致刚愎自用、自以为是；

单纯的柔容易导致自信不足，招致别人的进攻；

原则上不让步，枝节上可协商，这就是刚柔并济。

将骄吝

【原 文】

将不可骄，骄则失礼，失礼则人离，人离则众叛。将不可吝，吝则赏不行，赏不行则士不致命，士不致命则军无功，无功则国虚，国虚则寇实矣。孔子曰："如有周公之才之美，使骄且吝，其余不足观也已。"

【译 文】

做将帅的切不可骄傲自大，如果骄傲自大，待人接物就会有不周到的地方，会有失礼之处，一旦失礼就会人心散乱，众叛亲离。身为将领，也不能小气吝啬，如果小气吝啬，必然不愿奖赏部下；不奖赏，部下必定不肯在战斗中拼死作战；部下不拼死作战，那么自己的军队在战争中就不会取得战功。国家供养不能建立战功的军队，必然要虚耗国力，国家也会因此而虚弱下去，相对地，就意味着敌人的强大。因此孔子说："一个人尽管具备像周公那样的德才，但是如果傲慢且吝啬，那么他其他方面再怎么优秀也不值得人们称道。"

【点睛之笔】

做谦和又大器的领导。

待人不可骄横无礼,否则众叛亲离;

奖赏不可吝啬小气,否则就会适得其反;

奖赏是有功之人应得的酬劳,而不是领导的恩赐。

将强

【原　文】

将有五强八恶。高节可以厉俗，孝弟可以扬名，信义可以交友，沈虑可以容众，力行可以建功，此将之五强也。谋不能料是非，礼不能任贤良，政不能正刑法，富不能济穷厄，智不能备未形，虑不能防微密，达不能举所知，败不能无怨谤，此谓之八恶也。

【译　文】

将帅的品德修养应该从正反两个方面来评判，其标准就是“五强八恶”。“五强”是指五种必须具备的优良德行：高风亮节可以勉励世俗，友爱孝悌可以名扬海内，信义忠诚可以获得友谊，周到细致地考虑问题可以包容他人，身体力行可以建功立业。“八恶”是八种德行上的严重缺陷：不能明辨是非，不足以出谋划策；不能礼贤下士，更不能任用贤良之人；施政时有法不依，无法引导社会风俗；不能慷慨施惠，不肯救济穷困；不能防患于未然，智慧不足；不能深思远虑，也不能防微杜渐；成功后不能总结可资借鉴的经验；失败时做不到毫无怨言，不敢承担责任。

【点睛之笔】

领导者的基本素质和必须远离的恶习包括:

职业经理人素质之一:精神境界高风亮节;

职业经理人素质之二:富有仁爱之心;

职业经理人素质之三:诚信为本,交友以义,广结人缘;

职业经理人素质之四:思虑周全,博采众人之见;

职业经理人素质之五:善谋善断,善言更善行动。

职业经理人必须远离的恶习之一:思维混乱,是非不分;

职业经理人必须远离的恶习之二:良莠不辨,不善识别人才;

职业经理人必须远离的恶习之三:行政能力低下,治理无方;

职业经理人必须远离的恶习之四:不善调动资源,矛盾重重;

职业经理人必须远离的恶习之五:不善出谋划策,缺乏远见;

职业经理人必须远离的恶习之六:考虑问题片面,忽视细节;

职业经理人必须远离的恶习之七:不善总结成功经验;

职业经理人必须远离的恶习之八:失败时常常抱怨他人。

出师

【原 文】

古者国有危难，君简贤能而任之，齐三日，入太庙，南面而立，将北面，太师进钺于君。君持钺柄以授将，曰："从此至军，将军其裁之。"复命曰："见其虚则进，见其实则退。勿以身贵而贱人，勿以独见而违众，勿恃功能而失忠信。士未坐，勿坐；士未食勿食；同寒暑，等劳逸，齐甘苦，均危患。如此则士必尽死，敌必可亡。"将受词，凿凶门，引军而出。君送之，跪而推毂，曰："进退惟时，军中事不由君命，皆由将出。"若此，则无天于上，无地于下，无敌于前，无主于后。是以智者为之虑，勇者为之斗，故能战胜于外，功成于内，扬名于后世，福流于子孙矣。

【译 文】

历史上，大凡国家危难之际，国君就会选拔贤德之人做将帅，以解救国难。出征前，斋戒三日，到太庙告祭列祖列宗，国君面南而立，将帅面北而站，太师双手奉上象征权力的大斧，国君接过大斧，手持斧柄授给将帅，说："从现在开始，部队由您指挥。"然后，国君接着说："作战时，见敌人势弱则进击，见敌人实力强固则以退为主。不能因为自己身居高位而看轻别人，也不要固执己见而听不进部下的意见，不可以凭借自己功绩显赫就失去忠信本分的人臣品质。部下还没有坐下来休息时,身为将帅不能自己先坐下来休息;部下还没有吃饭时,身为将帅也不要先进餐,应该与部下同甘共苦,患难与共,做到了这些,手下的将士必会竭尽全力,敌人也一定会被打败。”将帅听完国君的训命后,宣誓效忠,然后亲自打开凶门,率军出征。国君把出征的军队送到北门,向将帅乘用的车马跪拜,同时又说:“军事行动,进退决策,重在把握时机,将在外,不受君命。从今天起,军队中的一切行动都由您来决策。”这样,将帅就独立于天地之间,具有了绝对的权威,也可以使智谋之人为之献策,使勇猛之人为之效命沙场。由此,可以百战百胜,立下汗马功劳,也能扬名于后世,福德泽及子孙。

【点睛之笔】

用庄重的仪式体现重大行动的意义和价值。

形式主义的东西要不得,恰当的形式却能振奋团队精神;

越是重大的事情,越需要授权和层级管理;

即使“御驾亲征”,也要注意倾听左右高参的意见和建议;

可堪大用之人,首先是可靠可信之人;

重任在肩,可以相机行事,但不可以搞特殊化;

领导要与群众“同寒暑,等劳逸,齐甘苦,均危患”,不能只做做样子给人看,而要有实实在在的举动,这样才能赢得群众的拥护和支持;

积极发挥不同类型人的作用。

择材

【原 文】

夫师之行也，有好斗乐战，独取强敌者，聚为一徒，名曰报国之士；有气盖三军，材力勇捷者，聚为一徒，名曰突陈之士；有轻足善步，走如奔马者，聚为一徒，名曰搴旗之士；有骑射如飞，发无不中者，聚为一徒，名曰争锋之士；有射必中，中必死者，聚为一徒，名曰飞驰之士；有善发强弩，远而必中者，聚为一徒，名曰摧锋之士。此六军之善士，各因其能而用之也。

【译 文】

将帅在编排军队时，应该注意：有的士兵武艺高强，喜欢对敌厮杀，愿意与强劲对手单独较量，应把他们编在一个行列里，这些人可以算得上是报国之士；有的士兵气冠三军，精力充沛，身手矫捷，应把他们编在一个行列里，这些人可以组成突击队；有的士兵行走快速而敏捷，像飞驰的马一样有威势，应把他们编在一起，这些人可以组成前锋队；有的士兵善骑善射，箭术高超，百发百中，应把他们编在一起，这些人可以组成奇袭队；有的士兵专门擅长射箭，是一流的射手，也应把他们编在一个行列里，这些人可以组成射击队；有的士兵力大无比，可以使用强有力的弓弩，即使射程比较远也可以射中目标，应把他们编成一组，组成阻击队。可见，不同的士兵，有不同的特点和能力，应该使他们能充分发挥自己的特长，各尽其才，各尽其用。

【点睛之笔】

择才而用，打造有特色的战斗团队。

合理有效使用人才的基本前提就是正确地区分人才类型。

根据工作任务的不同特点和要求，分派不同的人去完成：

将默默无闻的工作交给有奉献精神的人；

将时间紧急的工作交给出手敏捷的人；

将外出奔波的工作交给能四海为家的人；

将需要耐心与对方纠缠的工作交给善于设置障碍的人。

现代组织中，应当有紧急情况下勇于战斗并能胜利的突击队式的团队，有能攻关克难的技术精英团队，有善于动手、办事效率高的生产团队，有细心周到、无微不至的服务团队，等等。

智用

【原 文】

夫为将之道，必顺天、因时、依人以立胜也。故天作时不作而人作，是谓逆时；时作天不作而人作，是谓逆天；天作时作而人不作，是谓逆人。智者不逆天，亦不逆时，亦不逆人也。

【译 文】

将帅领兵出征夺取胜利的基本法则，就是“顺天、因时、依人”。必须考虑到天意，确保自己是替天行道的正义之师；必须抓住战机，因时而动；必须重视人的素质，激发士兵的战斗力。此三者缺一不可，在顺应天意同时也具备相应的战斗力但时机不成熟的情况下出兵，称为逆时而动，属于不智之举；在具备相应的战斗力，有成熟的战机，但不符合天意的情况下出兵，称为逆天而为，属于不义之师；在顺应天意且抓住战机却不具备相应的战斗力的情况下出兵，称为逆人之象，属于无德之态。明智的将帅，领兵作战是绝不会逆天、逆时、逆人的。

【点睛之笔】

顺天、因时、依人，做有义、有道、有德之人。

行动取胜的三个基本条件：外部环境有利；时机把握到位；团

队精神良好。

“顺天、因时、依人”的观念，提醒领导者要懂得外部环境、时机火候与团队状态的关系。

天就是大政方针，就是政策导向，就是上级指示精神；

任何时候都不要做与政策方针相违的事情，而是应该积极响应，这就是“顺天”。

时就是机遇，就是时机，就是采取行动恰到好处的火候；

要争取事物的发展朝着有利于自己的方面转化，这就是创造机遇，这就是“因时”。

人就是自身团队的状态，精神萎靡不振的团队很难有战斗力。

确立组织的价值观，确保方向不出错、目标不出错、行为不出错；

提升决策水平，确保谋定后动，抢抓机遇，不与成功失之交臂；

加强团队管理，振奋团队精神，确保“召之即来，来之能战，战之能胜”。

对领导而言，天，不可改，可遇不可求；时，可以期待，也可以施加影响；人，则可以大做文章，使之大有可为。

有义，方能不违天；有道，方能不失时；有德，方能不失人。

组织确立符合社会核心价值体系要求的价值观并践行之，是谓“顺天”；组织不断提升团队管理水平，做到相机而动，是谓“因时”；组织不断增强凝聚力，使大家紧紧团结在一起，是谓“依人”。

有条件要上，没有条件创造条件也要上，既是豪气，也是理性。

不陈

【原 文】

古之善理者不师，善师者不陈，善陈者不战，善战者不败，善败者不亡。昔者，圣人之治理也，安其居，乐其业，至老不相攻伐，可谓善理者不师也。若舜修典刑，咎繇作士师，人不干令，刑无可施，可谓善师者不陈。若禹伐有苗，舜舞干羽而苗民格，可谓善陈者不战。若齐桓南服强楚，北服山戎，可谓善战者不败。若楚昭遭祸，奔秦求救，卒能返国，可谓善败者不亡矣。

【译 文】

古代善于治理国家、懂得治国规律的君主是不依赖军队这种国家机器的；具有军事才能、善于用兵的将帅也不以战争、摆开交战的阵势为最终目标；善于布阵的将帅根本不用向对方发起攻击就能获胜，不以兵戎相见为乐事；善于指挥战斗的人则能永远立于不败之地；善于总结失败教训的将帅则不会被敌方所消灭。古时，英明的君主治理天下，主要是让老百姓生活安定，勤于工作，人们安居乐业，不发生任何不愉快的纠纷，这就是上面所说的“善理者不师”的意思。上古时代，舜修刑典，还让大臣皋陶做了掌理刑法的官员，可是老百姓无人冒犯法令，因此也就不用对任何人施加刑罚，这就是“善师者不陈”的意思。大禹征伐苗族，只

派舜手持舞蹈用的干盾、羽扇就征服了有苗族人，这就是“善陈者不战”的意思。齐桓公在南讨楚国、北伐山戎的过程中，英勇善战，所向无敌，这就是“善战者不败”的意思。楚昭王时楚国受到吴国的侵犯，楚昭王立刻逃到秦国求救，战事之后又返回楚国，这就是“善败者不亡”的意思。

【点睛之笔】

组织管理最好的状态就是不用极端手段来处理问题。

组织管理最好的状态是每个人各司其职、各谋其事、各尽其力、各得其利，而看不到任何规章制度和条例在起作用；

善于制度化管理的组织，尽管有一系列规章制度和细致的条例，但是因为没有人违反，所以就没有使用的必要；

善于纠错的管理，往往能使犯错者自省自救，而不是借助严厉的措施来惩治犯错误的人；

善于惩戒的管理，一定是首先从根本上杜绝错误的发生，其次是让错误行为一次性销声匿迹，绝无死灰复燃、旧病复发的可能；

善于总结失败教训的管理，不只是总结失败的教训，更要从失败中站立起来，走出失败，走向成功。

将诫

【原 文】

《书》曰："狎侮君子，罔以尽人心；狎侮小人，罔以尽人力。"固行兵之要，务揽英雄之心，严赏罚之科，总文武之道，操刚柔之术，说《礼》《乐》而敦《诗》《书》，先仁义而后智勇；静如潜鱼，动若奔獭，丧其所连，折其所强，耀以旌旗，戒以金鼓，退若山移，进如风雨，击崩若摧，合战如虎；迫而容之，利而诱之，乱而取之，卑而骄之，亲而离之，强而弱之；有危者安之，有惧者悦之，有叛者怀之，有冤者申之，有强者抑之，有弱者扶之，有谋者亲之，有谗者覆之，获财者与之；不倍兵以攻弱，不恃众以轻敌，不傲才以骄人，不以宠而作威；先计而后动，知胜而始战；得其财帛不自宝，得其子女不自使。将能如此，严号申令而人愿斗，则兵合刃接而人乐死矣。

【译 文】

《书经》说："戏辱君子，就无法得到他的真心；蔑视小人，也无法使他们竭尽全力为自己服务。"所以，将帅领兵的要诀是：广泛笼络人心，赏罚严明，要具备文、武两方面的能力，刚柔并济，精通《礼》《乐》《诗》《书》，使自己在修身方面具备仁义、智勇的内涵；领兵作战时，命令士兵休息，就应让士兵像游鱼潜水一样不出

声响，命令士兵出击，就应让士兵像奔跑中的獭一样突跃飞奔，打乱敌人的阵营，切断敌人的联系，削弱敌人的势力，挥动旌旗以显示自己的威力，并且让士兵服从指挥，听从调动，撤兵时部队应像大山移动那样稳重、整齐，进兵时则要疾如风雨，彻底摧毁败军败将，与敌交手则拿出虎一样的猛势。面对紧急情况，应该从容不迫，用小恩小惠诱敌进入设置好的圈套之中，想尽办法打乱敌军稳固、整齐的阵势，然后乱中取胜；对小心谨慎的敌军，要用计使他盲目骄傲起来；用离间术打乱敌军内部的团结；对异常强大的敌人，想方设法削弱他的力量；要使处境危险的敌人感到安宁，以麻痹敌人；让忧惧的敌人感到喜悦而疏忽大意；对投降我军的战俘，要以怀柔的政策来对待，要使部下的冤屈有地方申诉；扶持弱者，抑制气势凌人的部下；对有智谋的部下要尽全力亲近他，用他做参谋；对巧言令色的小人要坚决打击；获得了战利品要首先分给部下。另外，还要注意以下几点：如果敌人势弱，就不必用全力去攻击他，也不能因为自己军队力量强大就轻视敌人，更不能因自己能力强就骄傲自大，不能因自己受宠就在部下面前作威作福；对于整个战事的进行，要先制定详密的计划，要有万全的把握才能领兵出征，不独自享受战场上缴获的财物、布帛，俘虏的男人女人也不能只供自己役使。身为将帅照此治军，严格号令，将士一定会积极作战，在战斗中不惜牺牲自己的生命。

【点睛之笔】

做一个文武兼备、刚柔并济、智勇双全的智慧型领导。

时刻提醒自己，不要轻慢君子，不要戏弄人才，不要蔑视群众；

时刻注意用自己的言行将众心、众志、众智、众力凝聚在自己周围；

倡导仁义礼智信，践行温良恭俭让，营造积极、健康、和谐的氛围；

严格按照规章制度办事，有功必赏，有过必罚；

培养团队精神，既能沉得住，又能跃得起，该出手时势不可当；

重视形象建设，强化视觉识别，使之与团队灵魂相得益彰；

理性分析形势，科学谋划决策，掌握主动权，区别对待，促进转化，改变不利条件；

倡导以人为本，落实人文关怀，关心群众利益，关注不同需求；

让心有不安的人找到归属感，用快乐的情绪抚慰有恐惧感的人；

让归附而来的人感受到关怀，用公平正义把清白还给受委屈的人；

抑制盛气凌人者，为弱势群体撑起保护伞；

亲近出谋划策者，将谗奸小人驱逐出组织；

不鼓励个人英雄主义，但奖赏有功之人；

身为领导，不恃强凌弱，不麻痹轻敌，不骄傲自大，不作威作福；

身为领导，要思想制胜，计划先行，谋定而后动，不打无把握之仗，更不打无准备之战。

身为领导，不做物质利益的俘虏，不贪财、不贪色、不揽功、不独占，在利益面前多想想大家的贡献，和大家分享。

什么叫身先士卒？领导做到了上述要求，就一定能带领出一支凝聚力和战斗力极强的团队。

戒备

【原 文】

夫国之大务，莫先于戒备。若夫失之毫厘，则差若千里，覆军杀将，势不逾息，可不惧哉！故有患难，君臣旰食而谋之，择贤而任之。若乃居安而不思危，寇至而不知惧，此谓燕巢于幕，鱼游于鼎，亡不俟夕矣。《传》曰："不备不虞，不可以师。"又曰："预备无虞，古之善政。"又曰："蜂虿尚有毒，而况国乎？"无备，虽众不可恃也。故曰：有备无患。故三军之行，不可无备也。

【译 文】

国家最重大、最紧要的事务是国防，对国防的认识稍有偏差，其产生的后果就可能差之千里，以致军队覆灭、将帅身死、国家败亡，无可挽回，这是多么可怕的事情！所以，一旦国家出现危难，君臣应齐心协力，废寝忘食，共同谋策，挑选有本领的人担任将帅，指挥三军应敌。如果不能居安思危，就是大敌压境也不知警觉，如同燕子将窝巢搭筑在门帘上，又如鱼儿游戏在鼎中，其灭亡的日子已经不远了。《左传》说："对自己的行动没有周密的准备，对事物的发展变化没有详细的应对计划，就不能贸然出兵！"又说："居安思危，妥善安排，防止可能出现的灾难，这是古代推崇的善政。""蜜蜂和蝎子一类的小昆虫都有毒刺作为防御的工

具,更何况是一个庞大的国家呢?”如果一个国家忽视了国防建设,即使有百万之众也不足为惧,所谓“有备无患”,就是这个意思。可见,三军将士在出征之前,一定要做好准备。

【点睛之笔】

强化风险意识,落实防范措施。

“天有不测风云,人有旦夕祸福”虽是俗话,却是对生活的总结;有备无患,居安思危,是一种智慧的概括,更应是实实在在的行动。

你可以理智进退不惹事,可以自恃强大不怕事,但你不能不防事。

敌人站在你的面前也许不可怕,可怕的是你不知道你明天的敌人是谁,他会在哪里向你发动进攻。

有危机不可怕,可怕的是危机近在眼前而你全然不知。

懂得防患于未然的道理,就会尽早做出安排,在危机来临的时候,启动应急机制,迅速谋划对策,合理调配资源,任用适当人选,全面配合,从容应对。

没有计划、准备不周的行动是最可怕的妄动,注定要失败,注定要招致灾难。

在事业发展顺利的时候,要关注随时可能出现的障碍;在不断取得胜利的时候,要防范不期而至的困难;在天下太平的时候,要警惕突然降临的敌人。

一个负责任的领导,要始终生活在危机之中。

习练

【原 文】

夫军无习练，百不当一；习而用之，一可当百。故仲尼曰：“不教而战，是谓弃之。”又曰：“善人教民七年，亦可以即戎矣。”然则即戎之不可不教，教之以礼义，诲之以忠信，诫之以典刑，威之以赏罚，故人知劝，然后习之，或陈而分之，坐而起之，行而止之，走而却之，别而合之，散而聚之。一人可教十人，十人可教百人，百人可教千人，千人可教万人，可教三军，然后教练而敌可胜矣。

【译 文】

如果军队士兵得不到应有的教育和训练，那么一百名士兵也抵不上敌方的一个士兵；如果军队士兵受到了应有的教育和训练，那么一名士兵就可抵挡百名敌人的进攻。所以孔子说：“百姓没有受到教育和训练就去参加战斗，这是让他们去送死。”又说：“让贤德的人用七年的时间来教育和训练百姓，他们也可以从军，投入战斗，成为合格的战士！”这就是说，想让百姓投入战斗，在出征之前不能不对他们进行教育和训练。训练时，要使百姓明白什么是礼、什么是义，训练、教诲他们忠诚守信，要讲明刑赏的界限，用赏罚来制约督促他们的行为，使他们自觉上进。然

后进行基本技能训练：列队与解散，坐下起立，行进立定，前进后退，分散与集合，使他们能行动整齐划一、井然有序。像这样一教十，十教百，百教千，千教万，就可以使三军都受到训练，最后再让将士接受战术训练，就可以在战场上打败敌人了。

【点睛之笔】

建立学习机制，强化学习培训，增强学习效果。

建立学习机制，强化学习培训，可以数倍甚至十几倍地增强学习和培训的效果，大幅度提升团队的战斗力。

学习机制应该包括：培养学习意识，确立学习目标，明了学习内容，激励学习行为，交流学习心得，检验学习效果。

一个没有文化的军队是愚蠢的军队，而愚蠢的军队是不能战胜任何敌人的。

一个不学习的团队，算不上真正的团队，而一个算不上真正团队的团队，注定是要被淘汰的。

营造传导学习效果的氛围，一人学习，众人受惠。

军蠹

【原 文】

夫三军之行，有探候不审，烽火失度；后期犯令，不应时机，阻乱师徒；乍前乍后，不合金鼓；上不恤下，削敛无度；营私徇己，不恤饥寒；非言妖辞，妄陈祸福；无事喧杂，惊惑将吏；勇不受制，专而陵上；侵竭府库，擅给其财。此九者，三军之蠹，有之必败也。

【译 文】

军队行动时，有几种情况可以直接导致全军崩溃：一是对敌情的侦察不仔细、不准确，消息传递不按规定进行，与实情不相符合；二是不遵守命令，耽误了集合的时间，使整个军事行动受阻，丧失了战机；三是不服从指挥，不听候调度，忽前忽后，行动无序；四是将官不体贴下级，只知一味地聚敛搜刮；五是营私舞弊，不关心下级将士的生活；六是迷信诽谤之辞、神鬼怪兆，胡乱猜测吉凶祸福，扰乱军心；七是士兵不守秩序，喧哗吵闹，干扰将帅的决策和行动；八是不遵守命令，自恃强悍，擅作主张，欺上横行；九是贪污现象严重，侵占国家财物，擅自散财，无所不为。

【点睛之笔】

学会观察现象，发现问题，判断败象：

信息失真，情况不明，必然导致决策错误，指挥失误；

不遵守命令，应对迟滞，行动受阻，贻误时机；

不服从指挥，组织混乱，毫无秩序，丧失战斗力；

领导不关心群众疾苦，肆意挥霍集体财富；

领导层贪赃枉法、徇私舞弊；

迷信之风盛行，妄言吉凶祸福，散布有害信息，扰乱人心；

部下无事生非，制造紧张气氛，干扰领导层决策；

个别人好勇斗狠，恃强凌弱，败坏团队的和谐风气；

有人利用职务之便侵吞公物，擅自散财以收买人心。

组织中一旦出现上述现象，表明问题很严重。

腹心

【原 文】

夫为将者，必有腹心、耳目、爪牙。无腹心者，如人夜行，无所措手足；无耳目者，如冥然而居，不知运动；无爪牙者，如饥人食毒物，无不死矣。故善将者，必有博闻多智者为腹心，沉审谨密者为耳目，勇悍善敌者为爪牙。

【译 文】

身为将领，应该有可以与之咨商事情的左右亲信，有给自己侦察消息、通风报信的耳目，有坚决贯彻自己的命令、辅佐自己的羽翼。没有心腹之人，就好比在黑夜中走路，脚不知该迈向何处；没有耳目之人，就好比盲人安静地生活在黑暗中，不能做自己想做的事，更不能为达到某种个人目的进行钻营活动；没有爪牙之人，就好似一个人饥不择食，吃了有毒的食物，中毒身亡。所以，明智的将帅，一定要选用学识渊博、足智多谋的人做自己的心腹，要选用机智聪明、谨慎保密、有很强判断力的人做自己的耳目，还要选择勇敢、彪悍的士兵做自己的爪牙。

【点睛之笔】

领导者要有自己的千里眼、顺风耳。

一个优秀的领导者,应该有自己获取情报的途径,有为自己提供信息的耳目;

一个优秀的领导者,还应该有善闻多智之人能在关键时刻为自己出谋划策;

一个优秀的领导者,更应该有可以依靠的核心团队,他们能在危急时刻挺身而出,扭转局面。

在现代组织管理中,耳目解决信息情报问题,为决策提供基本的资料;心腹解决策略问题,为行动指明方向;爪牙解决执行力问题,为最终取得成功提供力量保证。

充当耳目、心腹、爪牙者,一定不能是阴险小人,否则很有可能"成事不足,败事有余"。

谨候

【原 文】

夫败军丧师，未有不因轻敌而致祸者，故师出以律，失律则凶。律有十五焉：一曰虑，间谍明也；二曰诘，谇候谨也；三曰勇，敌众不挠也；四曰廉，见利思义也；五曰平，赏罚均也；六曰忍，善含耻也；七曰宽，能容众也；八曰信，重然诺也；九曰敬，礼贤能也；十曰明，不纳谗也；十一曰谨，不违礼也；十二曰仁，善养士卒也；十三曰忠，以身徇国也；十四曰分，知止足也；十五曰谋，自料知他也。

【译 文】

凡是将领领兵出师不利，都是因为轻视敌军而导致的，所以军队在出师时，要严格法律、法令，按战争规律行事，否则就会招致灭亡。这些应该注意的问题有十五项：一是虑，要仔细地考虑、谋划，探明敌人所有的情况；二是诘，盘问、追查，搜集敌人情报，并仔细判断情报的真假；三是勇，见敌人阵势威武强大也不胆怯后退；四是廉，不为眼前小利所诱惑，以义为重；五是平，赏罚公正，公平合理；六是忍，忍辱负重，寄希望于未来更伟大的使命；七是宽，宽厚、宽宏大量，能包容他人；八是信，忠信、诚实，遵守诺言；九是敬，对有才德的人以礼相待；十是明，明白是非，不听信谗言；十一是谨，严谨、慎重，不违礼，不悖法，按制度规则办事；十二

是仁,仁爱,能无微不至地关心、体贴下级官兵;十三是忠,忠诚报国,为了国家的利益,就是赴汤蹈火也在所不辞;十四是分,行为有分寸、守本分,做事情量力而行;十五是谋,足智多谋,能知己知彼。

【点睛之笔】

加强纪律性,革命无不胜。

团队行动取得胜利的前提之一,就是有严格的纪律约束,听从指挥,统一行动。

团队行动,既不能因领导人麻痹轻敌而招致祸患,也不能因纪律松懈而引来灾咎。

实行制度化管理,首先要有具体而全面的制度规定,并且使所有的制度规定都能得到严格认真的贯彻执行;

实行制度化管理,凡涉及外部情报信息资讯的制度,以确保信息及时、准确、全面为最高要求;

实行制度化管理,凡涉及团队内部精神建设方面的制度,以提升士气、鼓舞斗志、树立正气为主;

实行制度化管理,要培养“亮剑精神”,打造敢于战胜一切困难的勇气;

实行制度化管理,要树立积极健康的价值观、善恶分明的是非观,要有高远的精神追求,不为眼前小利所诱惑;

实行制度化管理,要赏罚分明,有功必赏,有过必罚,不搞功过相抵,惩戒过错时既能打苍蝇,又敢打老虎;

实行制度化管理,要树立求真务实的态度,培养脚踏实地的作风，鼓励从小事做起、从实事做起、做好细节；

实行制度化管理，要善于求同存异，在包容的基础上建立有效的纠错机制；

实行制度化管理，要以诚信为本，言而有信，言必信、行必果、诺必践，鼓励诚信，反对欺诈；

实行制度化管理，要树立光明正大之气，实行民主公开，目标明、标准明、要求明、结果明、考核明、奖惩明，在公开民主的环境中谗言自然销声匿迹；

实行制度化管理，要确保规章制度严谨有效，合法、合理、合情，不将组织制度凌驾于国家法律之上；

实行制度化管理，要贯彻“以人为本”的思想，体现对群众的关心和关怀，把组织的目标与大家的利益紧密结合起来、统一起来，使大家有自豪感、成就感和归属感；

实行制度化管理，要唤醒和激发大家的使命感、荣誉感、责任心，把对职业的热情转化为对事业的热爱；

实行制度化管理，要强调岗位意识、职责意识，营造立足本职建功立业的氛围，在此基础上确立合理、适度的考核标准；

实行制度化管理，要创造畅所欲言的环境，鼓励大家积极建言献策，形成同心同德、群策群力的良好局面，争取事业的更大发展。

不言而喻，上述所有目标的实现，离不开对团队成员的教育和培训，所以，实行制度化管理，一定不能忽视学习机制的建立，只有打造出学习型的组织和团队，才会有行之有效的制度化管理。

机形

【原　文】

夫以愚克智，逆也；以智克愚，顺也；以智克智，机也。其道有三：一曰事，二曰势，三曰情。事机作而不能应，非智也；势机动而不能制，非贤也；情机发而不能行，非勇也。善将者，必因机而立胜。

【译　文】

大凡愚笨的人能够战胜聪明的人，是违反常理的偶然事件；聪明的人能够战胜愚笨的人，是顺乎常理的必然事件；而聪明的人在一起交战，就全看掌握战机如何了。掌握战机的关键有三点：一是事机，二是势机，三是情机。当事情已经发生，有利于己而不利于敌时，不能做出相应的反应，不能算是聪明；当形势发生变化，却不能拿出克敌制胜的办法，也不够贤者的资格；当整个态势已经很明确对己方有利时，却不能断然采取行动，这也不能算是勇敢。所以，善于指挥军队的将领，一定要根据情况的变化，掌握时机以夺取胜利，即"因机立胜"。

【点睛之笔】

优秀的领导者善于利用时机取胜。

领导者要有见机行事的真本事。

不善于动脑子,总是以笨办法解决问题,这是不符合常理的做法;善于动脑子,用聪明诀窍解决问题,才是顺乎常理的事情;彼此都知道用聪明的办法解决问题,这就要看谁能把握时机。

把握时机的关键取决于看清三机:事机、势机、情机。事情已经发生,而自己不能做出有利于自身的反应,这就错过了事机,也就是时机,算不上聪明;当形势发生变化,而自己拿不出有利于自己的制胜之策,算不上有本事;当发展态势已经明了,而自己不能当机立断采取有利于自己的行动,这就是缺乏勇气的表现。

什么是卓越的领导者?就是随时根据事物发展变化的情势积极调整自己的措施,不断取得胜利:把智慧用在谋事上,把本事用在措施上,把勇气用在行动中。

领导者若不善判断、胸无良策、犹豫不决、缺乏应变,必然坐失良机,一事无成。

重刑

【原 文】

吴起曰:“鼓鼙金铎,所以威耳;旌帜,所以威目;禁令刑罚,所以威心。耳威以声,不可不清;目威以容,不可不明;心威以刑,不可不严。三者不立,士可怠也。故曰:将之所麾,莫不心移;将之所指,莫不前死矣。”

【译 文】

吴起说:“军队中敲击鼙鼓、金铎的目的,在于制造听觉方面的威势;挥舞旗帜,在于制造视觉方面的威势;制定法规、禁令、刑罚的目的,在于制造心理威慑。用声音震慑士卒,发出的声音必须清脆洪亮;用旗帜来指挥士兵,旗帜的颜色要鲜明醒目;用刑罚禁令约束士卒,必须严明。如果做不到上述三点,必然会军容紊乱,军纪松散,士卒懈怠。所以说,真正有效的指挥应该是:部下意志随将帅旗帜所指而动;将帅命令一出,士卒会不惜一切代价去执行。”

【点睛之笔】

重视形象识别系统建设。

军队中的金鼓、军号、军旗、军歌,其实就是形象识别系统建设的基本体现；

鼓号阵阵、军旗猎猎、歌声嘹亮、服装统一、步调一致，这就是力量的展示，既鼓舞己方的斗志，又能起到震慑对方的作用；

善用颜色和声音吸引大家的注意力，善用公正的赏罚征服大家的心志，这是团队管理中有形环境建设和无形环境建设的两个重要方面，领导者必须高度重视。

善将

【原　文】

古之善将者有四:示之以进退,故人知禁;诱之以仁义,故人知礼;重之以是非,故人知劝;决之以赏罚,故人知信。禁、礼、劝、信,师之大经也。未有纲直而目不舒也,故能战必胜,攻必取。庸将不然,退则不能止,进则不能禁,故与军同亡。无劝戒则赏罚失度,人不知信,而贤良退伏,谄顽登用,是以战必败散也。

【译　文】

从古至今,善于领兵打仗的将领用兵的原则有四点:令出如山,向部下讲明什么是进,什么是退,所以士兵知道什么是不应该做的;用仁、义的思想教育部下,所以士卒能知书达礼;告诫部下明辨是非,所以士卒能互相勉励,规过劝善;严明赏罚,所以士卒不敢懒散,讲信用。上述四点基本的原则——禁、礼、劝、信是部队中的重要规范,如果做到了这四点,就好像主要的支架已经搭好,其他的细枝末节也就自然地顺展开来,有了法规,具体的内容也就明晰了,这样军队就能战必胜,攻必克。无能的将领则不是这样的,他统领军队没有规制,下令撤退,士卒便抱头鼠窜,下令进攻,则没有节制,全军也就难逃灭亡的下场;劝戒不明,赏罚无度，失信于士卒，上下不能一心，贤德之人纷纷远走，谄媚狡猾的小人得势，这样的将领带出的部队，一定会每战必败。

【点睛之笔】

领导者应明了从哪些方面提升团队的战斗力：

树立领导者和管理者的权威，政令如山，令行禁止；

善于做思想教育工作，用精神鼓舞大家，用理想武装大家，用道德影响大家；

树立正确的是非观念，使大家相互监督、相互勉励；

严格执行制度规章，赏功罚过，取信于民。

如果领导者不能控制局面，必然导致混乱，最终走向败亡；

如果无法实现相互配合，必然各行其是，导致混乱，走向败亡；

如果赏罚失度，必然失信于民，导致混乱，走向败亡；

如果小人得势，必然贤良隐退，导致混乱，走向败亡。

审因

【原　文】

夫因人之势以伐恶，则黄帝不能与争威矣；因人之力以决胜，则汤、武不能与争功矣。若能审因而加之威胜，则万夫之雄将可图，四海之英豪受制矣。

【译　文】

如果能顺应百姓的心愿来征伐邪恶势力，即使是黄帝也不能与其争威；如果能借助百姓的力量，群策群力获得胜利，即使是商汤、周武王也不能与其争功。在此基础上，审时度势，以德威服人，则力敌万夫的英雄都会拜服在这样的将帅之下，四海之内，各方豪杰也会甘心接受管制。

【点睛之笔】

卓越的领导者善于满足民愿，而得民心、民智、民力、民利。

积极主动地考虑团队成员的愿望，得民心的前提是满足民愿。

善于将群众的热情和精神转化为强大的力量，建功立业。

审时度势，以德服人，善于将自身的人格魅力转化为强大的凝聚力。

胸怀宽广,视野开阔,犹如海纳百川,能吸引各方英才共谋事业发展良策。

《将苑》卷二

兵势

【原　文】

夫行兵之势有三焉：一曰天，二曰地，三曰人。天势者，日月清明，五星合度，彗孛不殃，风气调和；地势者，城峻重崖，洪波千里，石门幽洞，羊肠曲沃；人势者，主圣将贤，三军由礼，士卒用命，粮甲坚备。善将者，因天之时，就地之势，依人之利，则所向者无敌，所击者万全矣。

【译　文】

大凡将帅领兵出征要注意三种情势：天时、地利、人和，这是战争胜利的基本因素和条件。天时，就是指天气晴朗，气候温和适中，寒暑不烈，不旱不荒，天象正常，没有不祥的征兆，这是有利于我方的自然因素。地利，就是指我方城墙高垒于险峻的地势之上，有深沟、大河做天然屏障，还有羊肠小路曲折迂回，地形复杂，易守难攻。人和，就是君主圣明，将帅贤达，三军上下守礼守法，整齐统一，士卒个个都能效命沙场，且粮饷充足，武器坚利。卓越超群的将帅如果能因天时，就地利，依人和，就可以所向无敌，大获全胜。

【点睛之笔】

尽占天时、地利、人和，争取全胜。

天时地利，是外部的环境条件，非人力所能控制，因此要学会利用有利条件，转化不利条件，争取对自己有利的外部环境。

人和乃是一个团队内部建设所产生的结果，非外部可以提供，只能靠卓越的领导者带领团队成员去创造。

在现代组织管理中，天时，就是争取尽可能有利的政策环境、法律环境、金融环境、社会环境；地利，就是占据有利的市场位置，掌握技术资源、信息资源、生产资源、营销资源；人和，就是营铸和提升团队的吸引力、凝聚力、向心力、战斗力。

一个团队尽占天时、地利、人和，一定能在市场竞争中取得全胜。

胜败

【原　文】

贤才居上，不肖居下，三军悦乐，士卒畏服，相议以勇斗，相望以威武，相劝以刑赏，此必胜之征也。士卒惰慢，三军数惊，下无礼信，人不畏法，相恐以敌，相语以利，相嘱以祸福，相惑以妖言，此必败之征也。

【译　文】

军队出师，如果真正有才德的人担任重要职务，没有才德的人被贬斥到最低位置，三军将士情绪高昂，团结统一，上下关系和睦，士卒服从命令，以勇敢作战互相勉励，崇尚英勇威武，严守军纪，这是出师必胜的标志。相反，军队出师，如果士兵懒惰、散漫，不遵守军纪，全军将士非常畏惧对敌作战，兵卒不讲信义，不畏惧刑罚，对敌军实力估计过高，把个人利益放在首位，经常把祸福挂在嘴边，军内流言蜚语盛行，军心涣散，这就是军队必然败亡的征兆。

【点睛之笔】

加强团队风气建设。

能够取胜的团队风气是：

重用有才有德之人，贬斥无才无德之徒；
团队成员情绪高涨，团结一心；
大家服从命令，听从指挥；
彼此间以敢于战斗、不畏困难的勇气相互激励；
重视形象塑造，展示威武风采；
以奖惩制度作为是非标准，相互提醒勉励。

不能取胜的团队风气是：
成员自由散漫，不遵守纪律；
畏惧对外行动，在心理和情绪上被对手气势所压倒；
团队成员不讲信义，是非标准混乱；
不遵守规章制度，而常常夸大困难，自己给自己制造对手；
彼此间只关心利益而不关心组织的发展；
无端猜忌祸福吉凶；
无稽之谈盛行，妖言惑众，干扰人心。

优秀的领导者应该成为团队精神环境建设的高手。

假权

【原 文】

夫将者，人命之所县也，成败之所系也，祸福之所倚也。而上不假之以赏罚，是犹束猿猱之手，而责之以腾捷；胶离娄之目，而使之辨青黄，不可得也。若赏移在权臣，罚不由主将，人苟自利，谁怀斗心？虽伊、吕之谋，韩白之功，而不能自卫也。故孙武曰："将之出，君命有所不受。"亚夫曰："军中闻将军之命，不闻有天子之诏。"

【译 文】

将帅是军队中的关键，悬系着千万士卒的性命，关系着战争的胜败结局，左右着国家命运的盛衰兴亡。如果君主不把指挥军队的权力全部交给将帅，就好像用绳索捆住猿猴的手足，却斥令它快速地攀爬树木，跳跃飞奔；又好像黏住离娄的双眼，却要求他辨别各种颜色，这都是不可行的事情。如果赏罚大权被权贵所操纵，主将没有任何可以自主的权力，上下必然汲汲于私利，人苟且于私利，就没有人会为国家效命，更没有旺盛的斗志。那么，即使有伊尹、吕不韦那样出类拔萃的才智，有韩信、白起那样的功绩，也不能自保。所以，孙武说："将帅一旦领兵作战，可以不听从君主的命令。"亚夫也讲："在军中，只听从将帅的命令，不听从君主的诏令。”

【点睛之笔】

学会授权,避免过多干预,导致瞎指挥。

要使各级领导者和管理者的职责与其权力相统一,有职无权是无法做好领导和管理工作的。

不把职责当儿戏,一方面需要领导者和管理者有强烈的责任心和高度的敬业精神,另一方面又需要组织赋予他们一定的管理权限。

没有授权,只能将职责当儿戏。

组织管理中很多的失败其实是源于高层过多干预导致的瞎指挥。

让管事的拿权,让干事的出力,不要让旁观者瞎掺和。

哀死

【原 文】

古之善将者，养人如养己子，有难，则以身先之；有功，则以身后之；伤者，泣而抚之；死者，哀而葬之；饥者，舍食而食之；寒者，解衣而衣之；智者，礼而禄之；勇者，赏而劝之。将能如此，所向必捷矣。

【译 文】

古代凡是优秀的将领，对待自己的部下就好像对待自己的儿女一样，当困难来临时，身先士卒，站在最前面；在功劳、荣誉面前，与部下谦让，把功劳、荣誉推给部下；对待受伤的士卒，百般安慰和抚恤；当部下为国捐躯时，能厚葬他们，并妥善地安排好后事；在粮食不够吃时，主动地把自己的食物让给下级；在天气寒冷的时候，把自己的衣服让给士卒穿；对待有才智的人，以礼相待，并委以大任，赐以厚禄；对待英勇善战的部下，给予恰当、及时的奖赏，并勉励他再立新功。这样的将帅，率领部下作战，就会所向披靡，百战百胜。

【点睛之笔】

领导者只有“爱民如子”，群众才会“爱企如家”。

将心比心，换位思考，才能了解群众的所思所虑，所欲所求。

不诿过，不揽功，不与民争功争利，不推脱责任，见困难上，见荣誉让，这不仅是做人的境界，也会为领导者赢得人心。

“与民同乐”不难，可贵的是“与民同悲”。

在群众获得荣誉的时候，领导者可以不去“锦上添花”，但在群众生活困难的时候，当领导的则一定要“雪中送炭”。

领导者要善于抚慰因公受伤的人，厚葬因公殉职的人，礼遇有本事的人，重赏建功立业的人，勉励出力流汗的人。

三宾

【原　文】

夫三军之行也，必有宾客群议得失，以资将用。有词若县流，奇谋不测，博闻广见，多艺多才，此万夫之望，可引为上宾；有猛若熊虎，捷若腾猿，刚如铁石，利若龙泉，此一时之雄，可以为中宾；有多言或中，薄技小才，常人之能，此可引为下宾。

【译　文】

凡是三军出征作战，将帅必须有各类幕僚人员为自己出谋划策，共同探讨利弊得失，要有这些人在将帅左右以便随时听用。在这些人中，有的人口若悬河，能提出奇妙的谋略，见闻广博，多才多艺，这是万里挑一的出色人才，可以成为将帅的高级幕僚；有的人像熊虎一样勇猛，像猿猴一样敏捷，性格刚烈如铁石，犀利如龙泉宝剑，这些人是一代豪杰，可以成为将帅的中级幕僚；有的人喜欢发表言论，但能力一般，只是普通之辈，可以成为将帅的下级幕僚。

【点睛之笔】

组建领导班子，挑选合格高参。

一个强有力的领导班子，要由各种不同类型的人组成，这在现代管理中称之为“异质结构”，有利于全面考虑问题，做出正确决策。

要将那些善于分析、善于表达、善于谋划的人吸收到领导班子中来，或者作为领导班子的高参；

要将那些善于行动、动手能力强、英勇顽强、办事效率高的人安排在中层领导岗位上，让他们在第一线发挥作用；

对那些喜欢发表言论、能力水平一般却能与群众打成一片的人，要安排其做基层工作。

孔子曾经表示，自己选择合作伙伴的标准就是“临事而惧，好谋而成者”，要选择那些遇事小心谨慎、善于动脑子完成任务的人。

后应

【原 文】

若乃图难于易，为大于细，先动后用，刑于无刑，此用兵之智也。师徒已列，戎马交驰，强弩才临，短兵又接，乘威布信，敌人告急，此用兵之能也。身冲矢石，争胜一时，成败未分，我伤彼死，此用兵之下也。

【译 文】

如果能把困难的事情转化成容易解决的事情，在事情还没有变复杂之前就预先做好准备，在事情还没有变得不可收拾之前就采取应对措施，在军中设立了严明的刑罚，但不以用刑为最终目的，这是用兵的上策，这样的将领是智将。与敌人交战，将士已布列阵形，双方兵马交错，短兵相接，这时将帅如果能乘机以种种威势扩大自己的影响，使敌军混乱，这算得上是善于用兵的将领。在战场上，将帅冒着枪林弹雨冲锋陷阵，争一时之胜而不考虑全局胜败，双方损失极大却不分胜负，这是用兵的下策。

【点睛之笔】

领导者要有控制局面的能力。

卓越的领导者总能防患于未然，在危机未至、危局未成之时就已经采取行动；

卓越的领导者总是在第一时间出手，不让小问题累积成大问题；

卓越的领导者总是思想走在行动之前，措施行在问题之先；

优秀的领导者具有较强的组织协调能力，能在形势复杂的情况下果断出手，扭转局面；

那些总是出现在第一线、身先士卒的领导者，尽管也能解决问题，但充其量只是逞一时之勇，算不上优秀的领导者；

高明的领导者一定是用最小的代价换取最大的利益。

便利

【原 文】

夫草木丛集，利以游逸；重塞山林，利以不意；前林无隐，利以潜伏；以少击众，利以日莫；以众击寡，利以清晨；强弩长兵，利以捷次；逾渊隔水，风大暗昧，利以搏前击后。

【译 文】

行军打仗要善于充分利用外部环境和条件：草木丛集的地方，最有利于采取游击战，也便于己方撤离；山深林密，是设伏兵、布疑兵的好地方，往往能给敌人意想不到的打击；在没有隐蔽的条件下，就要挖堑壕使自己一方潜伏其中；要进攻兵力多于自己的敌人，应选择黄昏傍晚时分；而进攻兵力少于自己的敌人，就抓住清晨士气正旺的有利时机；如果己方装备精良、兵力强盛，与敌交锋应追求速战速决；若敌军被沟谷、河流所隔，且风沙四起，天昏地暗，这便是我方采取前后夹击的最好时机。

【点睛之笔】

竞争之术，不可不知。

当市场环境多变的时候，不妨采取灵活机动的竞争策略，避免把自己固定在某一领域或业务上；

如果市场环境复杂，不妨采取突然出击的策略，以占据有利位置；

如果自身没有可依靠的有利条件，不妨采取隐忍低调的策略，伺机而动；

如果自身力量不占优势，不妨选择在对手疲惫懈怠的时候出手，给对手意想不到的致命一击；

如果自身力量占绝对优势，不妨选择在自身清醒和精神亢奋的时候出手，置对手于死地；

如果自身占有技术、设备、资源、人力、管理等优势，就不要跟对手搞拉锯式谈判，而应当采取果断的做法，争取在最短的时间内解决问题，把优势转化为市场竞争的胜势；

如果与对手势均力敌，不妨采取夹击策略，从对手的上游业务或下游业务上做文章，最终战胜竞争对手。

应机

【原 文】

夫必胜之术，合变之形，在于机也。非智者孰能见机而作乎？见机之道，莫先于不意。故猛兽失险，童子持戟以追之；蜂虿发毒，壮士彷徨而失色。以其祸出不图，变速非虑也。

【译 文】

必胜的要诀及掌握情势变化以指挥调动部队的方法是把握时机，灵活应变。如果不具备灵活机变的智慧思维，谁又能把握时机当机立断呢？掌握时机的秘诀在于出其不意。所以猛兽如果离开山区，失去了险峻的山势做依托，一个孩子手持长戟就可以吓退它，而小小的毒蜂只凭借自己的一根毒刺，就可使强壮的大汉不敢靠近。为什么呢？因为危险出现在你未能预料之处，变化太快，超出了你的考虑。

【点睛之笔】

既要按规律办事，又要善于不按常理出牌。

能当机立断，靠的不是胆量，而是思想，是智慧；

要使自己的行动既在情理之中，又在意料之外；

在任何时候都不要丧失核心竞争力，虎以山为势，蜂以刺袭人，一个组织在任何时候都不能离开自己可依靠的力量；

迅速地将自己追求的目标变成现实结果，木已成舟，生米做成熟饭，不给对手留下任何喘息的余地；

一旦采取行动，就要让自己的行动尽可能地迅捷，使对手来不及做出反应。

揣能

【原 文】

古之善用兵者，揣其能而料其胜负。主孰圣也？将孰贤也？吏孰能也？粮饷孰丰也？士卒孰练也？军容孰整也？戎马孰逸也？形势孰险也？宾客孰智也？邻国孰惧也？财货孰多也？百姓孰安也？由此观之，强弱之形，可以决矣。

【译 文】

古代善于用兵的将领，往往能在掌握了敌我双方实力的虚实后就对双方交战的结果有基本的认识。将帅预料胜负时需要了解的内容有：双方的君主哪一个比较圣明？双方的将领哪一个更为贤明？双方的官吏哪一方更有能力？双方中哪一方的粮草更为充足？哪一方的士兵更训练有素？哪一方的军容更为严整？哪一方的战马跑得更快？哪一方占据的地势更为险要？哪一方的幕僚更善谋划？双方所畏惧的邻国各有哪些？哪一方的财力更雄厚？哪一方的百姓生活得更安定？通过上述几个方面的比较，对双方谁强谁弱、谁胜谁负就可以比较容易地做出判断了。

【点睛之笔】

学会全面考察组织状况，准确预判竞争胜负。

竞争的最终结果不是在最后才分出胜负，而是取决于双方的基本状况。卓越的领导者应当在一开始就对最终结果有正确的预判。

领导层是否英明，有无正确的战略目标和相应的战略部署；

管理层是否优异，能否高效率地推进管理工作，以便实现战略目标；

基础管理是否健全，是否能正确理解并有效执行来自上层的指示；

利益机制是否有效，能否及时贯彻有功必赏的原则；

员工技能是否熟练，人员素质是否有保证，人力资本优势能否得以发挥；

员工精神面貌是否良好，心思是否在工作状态，态度是否端正；

机器设备是否完好，能否满足生产需要；

外部环境是否有利，有无可利用的政策和法律；

内部意见是否一致，有无善谋的高参团队；

公关工作是否有效，有无“第三者”趁火打劫；

财力资金是否雄厚，能否应对紧急情况和不时之需；

组织成员是否安定沉静，是否能激发出志在必得的斗志。

卓越的领导者通过逐一考察上述这些指标，竞争胜败就会了然于胸。

轻战

【原 文】

蜇虫之触，负其毒也；战士能勇，恃其备也。所以锋锐甲坚，则人轻战。故甲不坚密，与肉袒同；射不能中，与无矢同；中不能入，与无镞同；探候不谨，与无目同；将帅不勇，与无将同。

【译 文】

蝎子和蜜蜂凭借毒刺来保护自己，使人不敢轻易地招惹它；士兵在战场上能勇敢作战，凭借的是精良的武器。所以，有了锋利的武器、坚实的铠甲，将士们就能够蔑视敌人而不畏惧出战。如果铠甲不够坚实，就好像赤身裸体在与敌人拼杀；如果弓箭射不中敌人，就好像没有弓箭一般；如果射中了目标，但因为力量不够没有射进去，就好像弓箭没有箭头一样；如果战前的侦察工作做得不仔细、不周详，就好像在盲目作战；如果将帅不英勇善战，就好像没有将帅一样。

【点睛之笔】

加强基础建设，提升竞争实力。

一个组织，一定要有自己的核心竞争力；

要为组织成员提供必要的技术设施和装备；

要培育每一个成员的一技之长，而非仅仅有技术；

要争取把每一个成员的一技之长变成竞争实力和制胜法宝；

要强化信息工作，随时了解外部环境与对手的情况；

要树立领导者主心骨的形象，能在关键时刻把大家团结在一起。

地势

【原 文】

夫地势者，兵之助也。不知战地而求胜者，未之有也。山林土陵，丘阜大川，此步兵之地；土高山狭，蔓衍相属，此车骑之地；依山附涧，高林深谷，此弓弩之地；草浅土平，可前可后，此长戟之地；芦苇相参，竹树交映，此枪矛之地也。

【译 文】

有利的地势对军队作战取胜是最好的帮助。如果不能准确地把握地势地形的特点就想取得战争的胜利，这是从来没有过的事情。高山峻岭、森林险川的地形，适合用步兵作战；山势高陡、蔓草杂生的地形，适合用战车、骑兵作战；在依山临水、狭涧谷深的战场上，可以用弓箭手作战；在平坦宽阔、可以自由活动的战场上，可以用长戟与敌交战；在草木交错的地带，又可以充分发挥长枪、长矛的优势。

【点睛之笔】

打仗要懂得凭借有利的地势，现代组织管理也要学会借助有利的市场位置，使自己在竞争中占据优势。

如果自己处在门槛高的市场中，那么就已经占得先机，此时

就要很好地利用自己的优势,发动和组织成员做好基础工作,把先机优势变成自己固守市场的胜势;

如果市场进入缺乏壁垒,那么就应该采用灵活机动的策略,在适合自己经营和发展的领域大做文章,将空间作为自己的优势;

如果遇到竞争对手,最好采取攻势,把竞争引导到对方的业务领域或相关领域,以此保护自己的业务领域;

在完全竞争型市场中,只能凭借自己的实力与竞争对手面对面展开竞争,这种实力可以是技术方面的优势,可以是资金方面的优势,也可以是管理方面的优势。

情势

【原 文】

夫将有勇而轻死者，有急而心速者，有贪而喜利者，有仁而不忍者，有智而心怯者，有谋而情缓者。是故勇而轻死者，可暴也；急而心速者，可久也；贪而喜利者，可遗也；仁而不忍者，可劳也；智而心怯者，可窘也；谋而情缓者，可袭也。

【译 文】

将帅的性情对作战有直接的影响。有的将帅勇猛顽强，不惧怕死亡，有的将帅性情急躁、没有耐心，一味追求速决，有的将帅贪爱小功、小财，有的将帅过于仁慈，失去了威严，有的将帅虽有计谋，但常常犹豫不决，有的将帅则谋略有余而不能身体力行。所以，对待上述不同性情的将帅要采取不同的策略。对待仅有匹夫之勇的将帅，要设法使其暴躁起来，然后消灭他；对待性情急躁、没有耐心的将帅，要用持久战、消耗战去消灭他；对待贪图功利的将帅，要用财、色去贿赂、引诱他；对待仁慈有余而威严不足的将帅，要使用各种办法使他整日奔忙；对待智谋有余而怯于行动的将帅，可以用猛烈的进攻使他陷入窘迫的境地；对待有谋略而行动迟缓、犹豫的将帅，可以用突然袭击的办法使他彻底灭亡。

【点睛之笔】

善于驾驭人的情绪,行为就不会有失误。

情绪是把双刃剑,当心伤人又伤己。

从提升自身团队管理水平和团队管理者素质的角度出发,卓越的领导者应该注意:

在团队中,要谨防胆大而行为轻狂者暴躁发作,给组织带来危害;

对性情急躁之人要培养其耐心;

对贪念太多之人,要谨防其利欲熏心之举;

对富有仁爱之心的人,要给予呵护,但要防止其在原则面前退缩让步;

对善于出谋划策而怯于行动的人,不要将其置于窘迫危难之地;

对那些有眼光而行动迟缓的人,不要将急迫的事情交给他去办,不要搞突然袭击。

从竞争谋略的角度看,一个卓越的领导者在竞争环境中应该:

善于用激将法刺激对方胆大轻狂的领导者,使其暴躁发作;

善于用蘑菇战术与对方性情急躁的领导者打持久战、消耗战,使其失去耐心;

善于用利益诱惑收买对方有贪念的领导者,使其为我所用;

善于用疲劳战术影响对方富有仁爱之心的领导者,使其疲于

奔命而情绪失常；

善于运用高压手段将对方怯于行动的领导者置于为难窘迫的境地，摧毁其心理防线；

善于运用突然袭击的方法给对方行动迟缓的领导者制造障碍，影响其团队竞争力。

击势

【原 文】

古之善斗者，必先探敌情而后图之。凡师老粮绝，百姓愁怨，军令不习，器械不修，计不先设，外救不至，将吏刻剥，赏罚轻懈，营伍失次，战胜而骄，可以攻之。若用贤授能，粮食羡余，甲兵坚利，四邻和睦，大国应援，敌有此者，引而计之。

【译 文】

古代善于用兵的将领，一定会首先打探敌人的情况，然后再采取相应的对策。凡是敌人处于下列情况者，则可以发起进攻：军队长期征战失去锐气，粮草供应不足；百姓对战争怨声不断；士兵不熟悉军中的各项法令；武器装备不充足；行动作战没有计划可言；战时孤立无援；将、官对部下刻薄无情，又暴敛资财；赏罚不力，士兵懈怠；阵营混乱，没有秩序；偶尔取得一点成绩就骄傲自大。凡是敌人处于下列情况者，就应设法避开敌人，不可轻举妄动：能选派贤良之士辅助将帅，粮饷充足有余；百姓生活安定；铠甲、兵器锐利精良；能与周边国家保持和睦友善的关系，又有大国做后盾。

【点睛之笔】

管理不善的团队，其基本表现有：

利益机制没有保障，群众有怨言；

组织运转程序不顺畅，有令不行，有禁不止；

机器设备保养不到位，无法有效发挥作用；

缺乏计划和预案，凡事临时抱佛脚；

没有足够的后备力量，缺乏可持续发展的能力；

各级管理者缺乏人本思想，又喜好作威作福；

赏罚不明不严、不公不正，制度松懈；

没有秩序机制，现场管理混乱；

小有成绩就沾沾自喜。

管理优秀的团队是不可战胜的团队，其基本表现有：

用人得当，各司其职；

资源充足，准备充分；

设备精良，技术精湛；

社会形象好，业务关系稳固；

占天时、地利、人和，赢得社会关注和支持。

整师

【原 文】

夫出师行军，以整为胜。若赏罚不明，法令不信，金之不止，鼓之不进，虽有百万之师，无益于用。所谓整师者，居则有礼，动则有威，进不可当，退不可逼，前后应接，左右应旌，而不与之危，其众可合而不可离，可用而不可疲矣。

【译 文】

部队作战以保持整体的战斗力为胜利的关键。如果将帅对部下赏罚不公，命令不能让部下信服，士兵又不服从指挥，该进时不进，该止时不止，即使有百万大军，也起不到任何实际的作用。所谓部队的整体战斗力，是指军队驻扎时井然有序，行动起来威武有势，进攻时锐不可当，后退时无懈可击，部队能前后呼应，左右一致，服从指挥调度，无乱局给敌人以可乘之机，将士齐心同德，不会被离间，总是保持旺盛的斗志而不会衰竭。

【点睛之笔】

团队建设重在提升整体实力。

一个优秀的团队，时时处处都是一个整体，平日有欢乐的气氛，工作中团结紧张，指挥井井有条，行动迅捷有力，应对困难从

容不迫,团队成员斗志昂扬,这是一支不可战胜的团队,这样的团队在竞争中取胜靠的是整体实力。

如何提升团队的整体实力?

其一,要有严明的纪律,严格的制度,严肃的命令,严厉的处罚;

其二,做好思想政治工作,用共同愿景把组织成员紧紧地团结在一起,用共同的利益追求把大家的意志集中在一起,用统一的行动把大家的力量凝聚在一起;

其三,在利益保障的基础上激发大家的自豪感、荣誉感、成就感和使命感,以物质激励精神,以精神促进物质生产。

厉士

【原 文】

夫用兵之道，尊之以爵，赡之以财，则士无不至矣；接之以礼，厉之以信，则士无不死矣；畜恩不倦，法若画一，则士无不服矣；先之以身，后之以人，则士无不勇矣；小善必录，小功必赏，则士无不劝矣。

【译 文】

将帅对待自己的部下，可授以爵位以体现尊重，赏以钱财以体现关爱，这样就可以吸引有才德的人投靠效力；要以礼相待，以信、诚来鼓励部下，这样部下就会以舍生忘死的决心投入战斗；要经常对部下施以恩惠，赏罚时公正严明，一视同仁，这样就会让部下信服、敬佩；要在作战中身先士卒、冲锋陷阵，在撤退时主动掩护他人，这样部下就会英勇善战；对部下的点滴善行都充分重视，并给予适当的奖励，这样部下就会积极向上，互相劝勉，始终保持昂扬的斗志。

【点睛之笔】

卓越的领导者应该善用正向激励。

要善于以事业留人、待遇留人、感情留人；

想干事的给机会，能干事的给舞台，干成事的给待遇；

要真心礼遇德才兼备的人，要敢于重奖有突出贡献的人；

要言而有信，令出必行，承诺必践，取信于民；

要赏罚分明，一视同仁，尤其要敢于把刺头清理出团队；

将利益激励经常化，用日常的温暖换取组织成员每天的工作热情；

不与民争利争功，不推诿过错，不推卸责任，不寻找借口；

关注细节，关注基层，关注群众，用经常性的奖励鼓励大家每一天的进步和提高。

恩惠无大小，皆可暖人心。

正视利益，重视荣誉，提倡诚信，追求公正，不吝嘉善，皆是正向激励的基本途径。

自勉

【原 文】

圣人则天，贤者法地，智者则古。骄者招毁，妄者稔祸，多语者寡信，自奉者少恩，赏于无功者离，罚加无罪者怨，喜怒不当者灭。

【译 文】

圣人崇尚天道，贤明之人推崇自然法则，智慧之人则善于从历史中获取有益的经验为我所用。骄傲自大的人注定要失败，狂妄荒谬的人则极易招惹祸患，夸夸其谈的人很少有信义可言，只顾自我标榜的人对待他人则薄情寡义，身为将帅奖赏无功之人肯定会被部下离弃，惩罚无罪的人则肯定会使部下怨声载道，喜怒无常的人难逃灭亡的厄运。

【点睛之笔】

卓越的领导者善于向历史学习，不断完善自我。

自然界有很多值得人们学习和借鉴的东西，历史长河中有很多值得后世借鉴的成功经验和引以为戒的失败教训，古代先哲们的思想中有很多值得今人汲取的精神营养。

一个卓越的领导者，应该善于从自然万物、社会历史中发现

和发掘对自己有价值的财富，不断完善自我。

戒骄戒躁，避免因成功而走向毁灭；

消除妄念，使自己的人生之路和事业发展之道远离祸患；

慎言，并倾听别人的意见和观点，使自己的思维更趋缜密，判断更趋合理，决策更趋科学，指挥更趋有效，结果更趋完美；

坚信群众是真正的英雄，以人为本，不只要关心群众，更要感恩群众，把更多的赞誉给群众，而不是只看到自己的功劳和贡献；

坚持赏罚公正，要使犯错之人为自己的行为付出代价，使有功之人为自己赢得荣誉和利益，避免因无功受禄而导致人心涣散，避免因无过被罚导致民怨沸腾；

控制自己的情绪，绝对不能因为自己的一时冲动而做出导致事业败亡的决策。

战道

【原 文】

夫林战之道：昼广旌旗，夜多金鼓，利用短兵，巧在设伏，或攻于前，或发于后。丛战之道：利用剑楯，将欲图之，先度其路，十里一场，五里一应，偃戢旌旗，特严金鼓，令贼无措手足。谷战之道：巧于设伏，利以勇斗，轻足之士凌其高，必死之士殿其后，列强弩而冲之，持短兵而继之，彼不得前，我不得往。水战之道：利在舟楫，练习士卒以乘之，多张旗帜以惑之，严弓弩以中之，持短兵以捍之，设坚栅以卫之，顺其流而击之。夜战之道：利在机密，或潜师以冲之，以出其不意，或多火鼓，以乱其耳目，驰而攻之，可以胜矣。

【译 文】

军队在森林中作战的方法是：在白天以旌旗作为主要的指挥工具，在夜间多用金鼓指挥，以短兵为主，巧妙设伏，有时进攻敌人的正面，有时进攻敌人的背面，有时采用前后夹击的战术。

在草丛中作战的方法是：利用刀、剑、盾牌等短型武器，在与敌人交锋之前，事先侦察好敌人的进军路线，在敌人的必经之路埋下哨兵，十里一大哨，五里一小哨，偃旗息鼓，当敌人经过时，出其不意袭击，使敌人措手不及。

在两山之间的峡谷地带作战，可采用的方法是：利用埋伏，勇猛出击，让身手矫捷的士兵站在高处，让不怕牺牲的士兵切断敌人后路，先用弓弩向敌人射击，接着使用短兵继续进攻，使敌人瞻前顾后，没有反击的机会。

在水上作战的方法是：利用船只作战，训练士兵掌握各种水上技巧以攻击敌人，可以在船上多插旗帜以迷惑敌人，用弓弩猛烈地向敌发射，用短兵做好船只的防守，还要在水上埋设栅栏以防止敌人入侵，选择顺流攻击敌人。

在夜间作战，以安静、隐秘为主，可以秘密地派部队出其不意地偷袭敌人，也可以用火把、战鼓扰乱视听，用最快的速度攻击敌人，以取得胜利。

【点睛之笔】

用兵战思想指导组织的形象宣传工作。

要充分利用视觉空间做文章，让尽可能多的受众在尽可能多的地方看到自己组织的形象标志；尽可能地利用听觉空间，让尽可能多的受众听到自己组织的声音；要让自己组织的标识尽可能出现在意想不到的地方。

在形象宣传时，如果有多条途径可以与对手竞争，就要事先在对手可能出现的地方有所行动，收到出其不意、攻其不备之效，而不是简单地跟在对手后面。

在形象宣传中，如果与对手同时出现在某一区域，就要争取在气势上压倒对手，采用多种方式同时出击，造成在这一区域的相对优势。

充分利用流动载体和流媒体,使自己组织的形象得以动态展示,在变化中树立不变的印象。

在夜间要善于利用灯光,变幻闪现自己组织的识别标识,同时将组织形象宣传与社会公益服务联系在一起,这样会起到良好的宣传作用,收到良好的社会效益。

和人

【原　文】

夫用兵之道，在于人和，人和则不劝而自战矣。若将吏相猜，士卒不服，忠谋不用，群下谤议，谗慝互生，虽有汤、武之智，而不能取胜于匹夫，况众人乎？

【译　文】

将帅领兵作战，要注意使部队内部官兵之间、官官之间、兵兵之间和谐团结，做到了这一点，部下会主动地尽全力冲锋杀敌。如果上下猜忌，互不信任，有谋略的人得不到重用，士卒在背后议论纷纷，谗言与恶念滋生蔓延，那么即使有商汤、周武王那样的智慧，也不能打败一般的庸人，更何况是人数众多的敌军呢？

【点睛之笔】

凝聚人心是管理的重中之重。

一个团队有凝聚力，万众一心，则战无不胜。

一个卓越的领导者应该明察破坏团队凝聚力的因素：

成员之间、干群之间、上下级之间、部门之间互相猜忌，缺乏沟通和配合；

自以为是，各自为政，不服管理，不执行指令，我行我素；

领导层不善于发扬民主集思广益,一些好的建议和意见不能及时被采纳和吸收;

信息不透明,缺乏公开性,不敢把真相暴露在阳光下,群众议论纷纷,人心不定;

谗言满天飞,邪念充斥心间,组织成员缺乏明确的目标和一致的价值观。

对破坏团队凝聚力的现象进行有针对性的治理,把众人之志、众人之智团结在组织领导者的周围。

察情

【原 文】

夫兵起而静者，恃其险也；迫而挑战者，欲人之进也；众树动者，车来也；尘土卑而广者，徒来也；辞强而进驱者，退也；半进而半退者，诱也；杖而行者，饥也；见利而不进者，劳也；鸟集者，虚也；夜呼者，恐也；军扰者，将不重也；旌旗动者，乱也；吏怒者，倦也；数赏者，窘也；数罚者，困也；来委谢者，欲休息也；币重而言甘者，诱也。

【译 文】

将帅领兵打仗需要根据一些现象判断敌人的真实情况。如果敌人在与我军争战时按兵不动，一定是凭借了险要的地势；如果敌人不断地向我军挑战，一定是想引诱我军首先出击；看到树木无风而动，一定是敌人的战车正悄悄驶来；看到尘土低飞而且范围很广，肯定是敌人的步兵正在进袭途中；当敌人言辞强硬而且做出向我军进攻的样子时，一定是在准备撤退；当敌人忽而前进，忽而后退时，就是在引诱我军进击；发现敌军扶杖而行、萎靡不振，敌人肯定已经饥饿难忍；发觉敌人对有利的时机不加以利用，则敌人肯定已相当疲惫，无力再进；飞鸟在敌军的阵地群集栖飞，则表示敌军阵营已空虚；夜间听到敌军阵地喧哗吵闹的声音，则表示敌人内部对战争十分恐惧害怕；敌人的军队涣散，混乱不堪，是因为敌军主将已失去应有的威势；敌军的旗帜混杂纷乱，表示敌军内部已经大乱；敌军的将官不断地发怒，则表示战争形势的发展使他们感到无可奈何，敌人对取胜已失去信心；敌军奖赏过频，刑罚过繁，表示敌军主帅已无力扭转内部的混乱和士兵不服从将帅命令的局面；当敌人派遣使者低声下气地来求和时，则表示敌军想停战；如果敌人送来贵重的物品，说尽甜言蜜语，则表示敌军企图佯装求和而麻痹我方。

【点睛之笔】

观察和分析对手的表现，制定有效的应对之策。

如果对手迟迟不采取行动，也许是自感力量不足，也许是时机未到或条件不成熟，但也可能是行动面临的风险太大。

不动，未必一定是弱或缓；而动，未必就一定有利可图；

对手若频频向我方传递信息，希望我们有所行动，未必是谦让，更未必是甘拜下风，也许是鼓动我方贸然而动，铸成大错；

尽管没有明显的促销宣传，而顾客和用户却纷纷转向对手一方，一定是对手无声无息地采取了优惠策略；相反，如果一时间市场宣传力度很大，一定有大动作紧随其后；

当对手突然之间与我方高调竞争，不一定意味着硝烟再起，也许这正是对手为了隐蔽其转移市场而故意施放的混淆我方视听的烟雾；

当对手在很多关键点上都没有大手笔的时候，也许说明对方人力、物力、财力出现了严重问题，尤其是当明显的市场机会摆在

眼前而没有应对的时候,正说明对手已经到了山穷水尽的地步;

原有的业务被其他的业主占领蚕食,说明对手已经离开了这一领域,至于是无奈放弃还是主动撤出,还需要借助其他现象加以判断;

对方团队精神涣散,说明其领导核心失去了应有的威势和驾驭组织的能力;

对方形象宣传混乱,正说明其内部思想混乱、管理混乱;

对方管理层较多地通过高压和愤怒实施管理,说明他们对形势的发展变化已经无可奈何;

用超乎寻常的奖罚推进工作,说明对方领导层已经无力用程序化的制度规章来实施领导和管理;

对方言辞恳切、态度谦恭地与我方谈判谋求合作,很可能是对方已经无力再战,借合作来避免败亡的结局。

一个卓越的领导者,应能在冷静观察、理性分析的基础上做出正确判断,从而制定有效的应对之策,以期取得完美的结果。

将情

【原 文】

夫为将之道，军井未汲，将不言渴；军食未熟，将不言饥；军火未然，将不言寒；军幕未施，将不言困。夏不操扇，雨不张盖，与众同也。

【译 文】

身为将帅，一定要注意自己的行为：军营中的水井还没有打上水来时，做将帅的就不要先言口渴；士卒的饭还没有煮好时，将帅也不要先言饥饿；军营中的火堆还没有点燃，将帅就不能先说寒冷；军中的帐篷还没有搭建完毕，将帅也不能先言困乏；夏天酷热，将帅不要轻易地拿把扇子取凉；多雨天气，将帅也不要首先举伞避雨。总之，在生活细节上要处处与士兵相同。

【点睛之笔】

领导者应始终与群众同甘共苦。

领导与群众同甘共苦，群众才会与领导同舟共济。

与群众同甘共苦，是一种境界，其基本表现却是从细节做起：比如饮水，如果不足以让众人分享，领导不可以自己先饮用；比如吃饭，当不能保证人人有份的时候，领导不可以吃独食；

当大家还在忍受寒冷折磨的时候，领导独自享用舒适的空调、暖气，只能拉大与群众的心理距离；

当大家尚无安身之所的时候，领导已经酣然入睡，只能使大家心灰意冷。

越是在困难的时候，越需要与大家同甘共苦，不能把身先士卒只当口号来喊，重要的是付诸行动。唯有始终坚持与群众同甘共苦，才会赢得群众的理解和支持。

威令

【原 文】

夫一人之身，百万之众，束肩敛息，重足俯听，莫敢仰视者，法制使然也。若乃上无刑罚，下无礼义，虽有天下，富有四海，而不能自免者，桀纣之类也。夫以匹夫之刑令以赏罚，而人不能逆其命者，孙武、穰苴之类也。故令不可轻，势不可通。

【译 文】

将帅领兵，能使自己指挥的百万大军恭恭敬敬地接受命令，屏气凝神，稳而有序，不敢松懈，这是严明法令的结果。如果将帅不能刑赏部下，部下不知礼义，即使据有天下，尽占四海之内的财富，最终也难逃自我灭亡的命运，比如夏桀、商纣这样的暴君。而如果将帅在领兵的时候，能以法令为赏罚的依据，部下是不敢违背将帅的命令的，比如孙武、穰苴这样善用法制的人。可见，法令是不能轻视的，由法令而生的将帅的威势也不可以违抗。

【点睛之笔】

树立行政命令的威严，神圣不可侵犯。

如何树立行政命令的威严和神圣？

卓越的领导者应该意识到如下工作的重要性：

制定规章,因为无规矩不成方圆;

强化制度,制度如山,不可动摇;

确立程序,减少执行中的随意性;

严明法纪,制度面前人人平等,规章面前一视同仁;

坚决打击挑战规章制度的行为。

东夷

【原 文】

东夷之性，薄礼少义，捍急能斗，依山堑海，凭险自固。上下和睦，百姓安乐，未可图也。若上乱下离，则可以行间，间起则隙生，隙生则修德以来之，固甲兵而击之，其势必克也。

【译 文】

东夷这样不开化的少数民族，不守礼义，勇猛强悍，凶狠善战，他们依山傍海，凭借险要的地形，有较强的自我保护、对外防御的能力。其内部上下和睦，百姓乐业安居，不可能很快地战胜他们。如果在他们内部出现了上下不和的兆头后，用离间的办法，扩大他们上层内部的矛盾，使之混乱，使百姓背弃他们，造成尖锐的冲突，然后用仁义、道德安抚、招抚他们，并配合以强有力的军事进攻，就可以取得胜利。

【点睛之笔】

上述之论，不可照搬；所言之策，仅可观览。

离间之计，只可对敌；火上浇油，亦非善举。

组织管理，贵在自强；团结和睦，固若金汤。

南蛮

【原　文】

南蛮多种，性不能教，连合朋党，失意则相攻。居洞依山，或聚或散，西至昆仑，东至洋海，海产奇货，故人贪而勇战。春夏多疾疫，利在疾战，不可久师也。

【译　文】

南部有许多小的野蛮民族，他们的性情是无法被教化的，这些民族常常结合成不同的利益团体，遇到大的利害就互相攻伐。他们平时住在山洞里，有的民族聚集一处，有的民族则分散在各处，西到昆仑、东到大海都是他们活动的范围，他们那里海产奇货，所以人人贪婪好战。春夏两季常发生瘟疫，所以对南蛮用兵，只能速战速决，不可以久留。

【点睛之笔】

趋利避害，人之常情；投其所好，攻心为上；

利益追求，成本导向；快人一步，效率至上。

西戎

【原 文】

西戎之性，勇悍好利，或城居，或野处，米粮少，金贝多，故人勇战斗，难败。自碛石以西，诸戎种繁，地广形险，俗负强很，故人多不臣。当候之以外衅，伺之以内乱，则可破矣。

【译 文】

西部的少数民族，性情勇悍贪利，有的建城而住，有的分散在野外，那里没有充足的粮食，金银财宝却很丰盈，他们个个勇猛善战，很难使他们屈服。他们住在大漠以西，种族繁衍很快，有广阔、险峻的地形地势，他们习惯于逞强行凶，不愿臣服于中原。所以只能等待时机，当他们外遇他族挑战、内部混乱时，才可以向他们进兵，彻底地击败他们。

【点睛之笔】

知己知彼，百战不殆；制胜之道，抑敌之长；

静观其变，待机而动；借力借势，彼亡我旺。

北狄

【原　文】

北狄居无城郭，随逐水草，势利则南侵，势失则北遁，长山广碛，足以自卫，饥则捕兽饮乳，寒则寝皮服裘，奔走射猎，以杀为务，未可以道德怀之，未可以兵戎服之。汉不与战，其略有三。汉卒且耕且战，故疲而怯；虏但牧猎，故逸而勇。以疲敌逸，以怯敌勇，不相当也，此不可战一也。汉长于步，日驰百里；虏长于骑，日乃倍之。汉逐虏则赍粮负甲而随之，虏逐汉则驱疾骑而运之，运负之势已殊，走逐之形不等，此不可战二也。汉战多步，虏战多骑，争地形之势，则骑疾于步，迟疾势县，此不可战三也。不得已，则莫若守边。守边之道，拣良将而任之，训锐士而御之，广营田而实之，设烽堠而待之，候其虚而乘之，因其衰而取之，所谓资不费而寇自除矣，人不疲而虏自宽矣。

【译　文】

北方地区的游猎民族，没有固定的处所，哪里水草丰富，他们就到哪里去居住，遇到有利的形势，他们就南下入侵中原，反之，如果他们没有充足的力量，就逃避到更远的北方。他们凭借险要的阴山和广阔的沙漠，有较强的自卫能力。饥饿的时候，他们就捕食野兽；寒冷的时候，他们就用兽皮做成衣被；每日奔走射猎，以捕杀动物为每天必做的事情。这样的民族,既不能被道德感化,也不会因战争而臣服。汉朝不对他们用兵,理由有三点:一是汉朝的士兵一面耕作,一面战斗,因此十分疲惫和胆怯;而北方的民族以狩猎为生,过的是游牧生活,安闲而勇敢。以汉军的疲力对抗北狄的安闲,以汉军的胆怯对抗北狄的勇敢,是无法取胜的。二是汉军以步兵为主,每日只能行百里,而北狄擅长骑马,每日的行程数倍于汉军;汉朝士兵追击北狄时要携带所有的粮饷和铠甲,而北狄追击汉军时可以用战马运载这些军需品。双方的运输形式不同,互相追击的速度也相差很大。三是汉朝士兵徒步作战,北狄以轻骑作战,双方争夺最好的地势,总是骑兵快于步兵,速度悬殊。所以对付北狄,不能用战争的办法,最好的方式是守卫边疆。派遣将士戍边,要选择贤能的人做将帅,训练精锐的士兵以进行防御,还要大规模地种粮以使仓库充实,设置烽火台以探察敌情,等到北狄内部虚弱时,就乘虚而入,一举打败他们。这样,不必动用太多的人力、物力就能使北狄自取灭亡,因北狄入侵边境而出现的紧张局势就会缓和下来。

【点睛之笔】

敌强我弱,善守为上;以变应变,息兵疆场;

强基固本,彼消我长;差异寻优,不战而王。

黄石公

三略

上略

1. 主将之法

【原 文】

夫主将之法，务揽英雄之心。赏禄在功，通志于众。故与众同好靡不成，与众同恶靡不倾。治国安家，得人也。亡国破家，失人也。含气之类，咸愿得其志。

【译 文】

对君主而言，统御将领的办法，就是收拢和凝聚英雄的心，使他们紧密团结在自己的周围。具体的做法是：把禄位赏赐给有功的人，使众人理解自己的志向。最高领导者所追求的目标与众人相同，这个目标没有不实现的；最高领导所憎恨的对象与众人相同，这个对象没有不被摧毁的。国泰民安，是由于得到了人心；国亡家破，是由于失去了人心。从人性的角度来看，所有的人，都愿意努力实现自己的志向。

【点睛之笔】

卓越领导者的第一要务就是收揽人心，把各路英雄团结在自己周围。

领导和管理的最高法则在于赢得人心，也就是让大家团结在领导核心的周围。得人才,得人心,得民愿,则可得民智,得民力,得民利。如此,则大事可成。

领导者最主要的职责在两个方面,其一是留人、赏人、通人。所谓留人,就是务必把有才能的人留住,把贤人团结在自己周围;所谓赏人,就是要能赏识人、会赏识人,舍得给有功之人奖励,给他们待遇,给他们职位;所谓通人,就是善于沟通和激励,把组织的追求告诉大家,把领导者的意志告诉大家,把领导者的要求和期望告诉大家。大家有了共同的愿望和目标,就没有不成功的道理。揽人才,得人心,聚人智,凝人志,任人能,用人力,是领导和管理最基本的法则。

其二是为众人成就他们各自的梦想搭建舞台、提供机会、创造条件。

2. 柔德

【原 文】

《军谶》曰:“柔能制刚,弱能制强。”柔者,德也。刚者,贼也。弱者人所助,强者怨之所攻。柔有所设,刚有所施,弱有所用,强有所加。兼此四者,而制其宜。

【译 文】

古代兵书《军谶》说:“柔能克刚,弱能胜强。”柔弱是一种美德,刚强则是一种祸害。因为弱小者容易得到人们的同情和帮助,强悍者易于受到人们的怨恨和攻击。有时候要用柔,有时候要用刚,有时候要示弱,有时候要用强。应该把这四者结合起来,根据情况的发展变化而灵活运用。

【点睛之笔】

学会变通,恰到好处地运用刚柔之策。

示弱,可以为自己争取众人的同情和支持;示强,可以提升团队的士气,有利于战胜困难。

身为领导者,不要太天真地相信以弱胜强的奇迹,也不要太自信总能够战无不胜。不管是刚克柔还是弱胜强,都有自身的道理。

强而示弱，是一种麻痹对手的策略，目的是为了战胜对手；弱而示强，是一种恐吓对手的策略，目的是为了自我保护。示弱还是示强，用柔还是用刚，取决于目标的选择。

不主动惹事，但有事时不怕事，关键就在于能根据对手的行动调整自己的行动。

应变，恰当应对，这是对领导者水平的考验，也是对团队素质的考验。

不可一条道走到黑，不可一根筋想问题，不可一个调唱到底，不可一个样贯穿始终，学会变化，懂得因时、因事、因势、因地、因人而异、而宜。

3. 因敌

【原 文】

端末未见，人莫能知。天地神明，与物推移。变动无常，因敌转化。不为事先，动而辄随。故能图制无疆，扶成天威。匡正八极，密定九夷。如此谋者，为帝王师。

【译 文】

事物的本末没有完全显现出来之前，一般人是难以认识其本质的。天地运行的玄妙规律，可以通过万物的变化表现出来。战场上敌我双方的形势也是变化无常的，将帅必须能够根据敌情的变化而制定不同的方略；在情况不明、形势不清、条件不成熟之前不要贸然行事，一旦时机成熟，便应立即采取相应的对策。这样，就可以百战百胜，辅佐君王取威定霸、一统天下、安定四方。能这样谋划和行动的人，便可以称之为帝王之师。

【点睛之笔】

领导者不应迷信未卜先知，但要能够察于未萌、施于未发，这才是真本事；

重要的是透过现象看本质，透过表象看真相，掌握事物发展变化的规律；

以变应变,方能与时俱进;

反应敏锐,务求谋定而后动。

4. 守微

【原 文】

故曰:莫不贪强,鲜能守微。若能守微,乃保其生。圣人存之,动应事机。舒之弥四海,卷之不盈怀;居之不以室宅,守之不以城郭。藏之胸臆,而敌国服。

【译 文】

所以说,人没有不贪强好胜的,却很少有人持守低调原则。如果明白低调的道理,使刚柔、强弱等不同策略相互配合,就可以确保人生平安,无错无灾,这才是明哲保身的至高境界。圣人是掌握这个道理的,所以他们的行动总能抓住时机。这个幽深精微的道理,说它大,舒展开来足以遍布四海;说它小,收拢起来却不满一杯;它无形无象,无须用房屋去安置它,也无须用城郭去守护它。只需要把它藏在心中,就可以使敌国屈服。

【点睛之笔】

人性的弱点之一就是不能控制自己的欲望,不甘心居下;

争胜好强是很多人的普遍心态和处世准则,而常常是能控制自我的人获得生存和发展的机会;

“木秀于林,风必摧之”,做人太过要强,就会树敌太多;

柔不是弱,居下不是卑微,低调不是低人一等;

刚未必强,强未必胜,高调未必高尚;

重要的是精神境界和思维方法。

5. 刚柔兼济

【原 文】

《军谶》曰:“能柔能刚,其国弥光;能弱能强,其国弥彰。纯柔纯弱,其国必削;纯刚纯强,其国必亡。”

【译 文】

《军谶》说:“既能用柔,又能用刚,则国运明光;既能示弱,又能示强,则国势昌盛。单纯用柔用弱,则国力必然削弱;单纯用刚用强,则国家必然灭亡。”

【点睛之笔】

以适宜的原则处理刚柔强弱的策略选择;

柔,就是在处理问题时的灵活性;刚,就是面对问题时必须坚持的、坚定不移的原则;刚柔相济,就是原则性与灵活性的统一。

示弱,有时带有试探性,有时则是一种巧妙的伪装和掩饰;

示强,就是有意显示实力,有时则是一种表态和宣示,传递信息。

6. 为国之道

【原 文】

夫为国之道，恃贤与民。信贤如腹心，使民如四支，则策无遗。所适如支体相随，骨节相救，天道自然，其巧无间。

【译 文】

治理国家的原则，在于依赖贤士与民众。信任贤士如同自己的心腹，驱使民众如同指挥自己的手足，政令便不会有什么纰漏了。这样，行动起来便会像四肢与躯干一样协调，像各个关节一样互相照应，像天道运行一样顺乎自然，灵巧得没有一点儿造作的痕迹。

【点睛之笔】

"为国之道，恃贤与民"告诉我们一个基本的道理：一个优秀的领导者要善于同时利用和依靠少数人的力量和多数人的力量。

人才永远是少数，但很重要，他们的价值就在于攻坚克难，在于推陈出新，在于超值创造。

对人才的尊重，就在于充分地信任他们，与其深入、融洽地交流、沟通，争取在思想认识和心理情感上达到高度一致，这样他们才会有认同感，才会全身心投入。

群众是真正的英雄，人民是创造历史的动力。充分地相信群众，积极地依靠群众，真心地关爱群众，最大程度地调动群众，才会形成群策群力、万众一心的局面。

越是在困难的时候，越需要相信群众和依靠群众。

要想揽人才、得人心、聚人智、凝人志、任人能、用人力，基本的前提是能惠人以利。

7. 军国之要

【原 文】

军国之要，察众心，施百务。危者安之，惧者欢之，叛者还之，冤者原之，诉者察之，卑者贵之，强者抑之，敌者残之，贪者丰之，欲者使之，畏者隐之，谋者近之，谗者覆之，毁者复之，反者废之，横者挫之，满者损之，归者招之，服者居之，降者脱之。获固守之，获厄塞之，获难屯之，获城割之，获地裂之，获财散之。敌动伺之，敌近备之，敌强下之，敌佚去之，敌陵待之，敌暴绥之，敌悖义之，敌睦携之。顺举挫之，因势破之，放言过之，四纲罗之。得而勿有，居而勿守，拔而勿久，立而勿取。为者则己，有者则士，焉知利之所在。彼为诸侯，己为天子。使城自保，令士自取。

世能祖祖，鲜能下下。祖祖为亲，下下为君。下下者，务耕桑不夺其时，薄赋敛不匮其财，罕徭役不使其劳，则国富而家娭，然后选士以司牧之。夫所谓士者，英雄也。故曰：罗其英雄，则敌国穷。英雄者，国之干。庶民者，国之本。得其干，收其本，则政行而无怨。

【译 文】

统军治国的关键，在于体察众人的心理，采取相应的措施。

处境危险的要使之安全,心存畏惧的要使之欢愉,离乡逃亡的要加以招还,含冤受屈的要予以昭雪,上告申诉的要调查清楚,地位卑贱的要加以提拔,恃强行暴的要加以抑制,与我为敌的要加以清除,贪图钱财的要厚给赏赐,自愿效力的要予以任用,怕人揭短的要替其隐讳,善于谋划的要与之亲近,爱进谗言的要弃之不用,诋毁之言要反复核实,反叛之人要坚决消灭,蛮横之人要挫其锋芒,骄傲自满的要警告之,愿意归顺的要招徕之,已被征服的要予以安置,战败投降的要予以宽大。占领了坚固的地方要注意守卫,占领了险隘的地方要加以阻塞,占领了难攻的地方要驻兵把守,占领了城邑要封赏有功之臣,占领了土地要分封给出力之士,获得了财物要赏赐给众人。敌人行动要密切监视,敌人接近要严加防备,敌人强大要卑而骄之,敌人安逸要引而避之,敌人盛气凌人要有待其衰,敌人凶暴要暂时退却,敌人悖逆要伸张正义,敌人和睦要分化离间。顺应敌人的行动以挫败它,利用敌人的情势以击破它,散布假情报以使敌人造成过失,四面包围将其歼灭。获得财物不要自己独占,胜利时不要将功劳归于自己,攻打城池不要旷日持久,立其国人为君而不要取而代之。决策出于自己,功劳归于将士,哪里知道这才是真正的大利啊!让别人做诸侯,由自己做天子。使他们各保城邑,让他们各自征收财赋。

世上的君主能以礼祭祀祖先,却很少能爱护自己的民众。尊敬祖先是亲亲之道,爱护民众才是为君之道。爱护民众的君主,重视农桑,不违农时;减轻赋税,民众不贫;减少徭役,民得息养;于是国家富足,民众安乐,然后再选拔贤士去管理他们。所谓的贤士,就是人们所说的英雄。所以说,网罗了敌国的英雄,敌国就会陷入困窘的境地。英雄是国家的骨干，民众是国家的根本。得到了骨干，获取了根本，便能够政令畅通，民无怨言。

【点睛之笔】

察心施务，就是根据每个人不同的心理特质和境况采取不同的管理策略，这就是因人而异，就是区别对待。

察心施务其实就是中国传统版的“需要层次理论”，而且比马斯洛的理论更具体，更有可操作性。“察众心”就是详细体察各类人物的心理特征和变化，“施百务”就是依据心理考察的结果，采取相应的措施，顺民心之所好，达民心之所欲。

察心施务具体解决了：

针对二十种不同类型、不同境况中的人，领导者应该分别采取怎样的对策；

面对六种不同结果，领导者应该采取怎样的措施；

面对八种敌情应该如何应对；

战胜对手的四类待敌之策；

走向成功的六个约己原则。

以上察心施务的四十四个基本观点，值得领会和实践。

人无完人，想成就一番事业而走到一起的人，各有各的不足之处，善于用人的人，应当在取其所长的同时，在无碍大局、无害大事的情况下，满足其各自不同的欲求，而对于那些唯恐天下不乱、肆意诋毁他人、蓄意谋反的不法之徒，则要坚决予以打击，不能让他们危害善良的人们，影响事业的发展。

不能因为自己追求事业，而忽略了大家对利益的欲望。

钱不是万能的，但没有钱是万万不能的。在事业的发展过程中，财聚人散，财散人聚，有舍才会有得。

不能只是嘴上说分享、谈多赢，而要实实在在去做，追求多赢结果。

羊毛出在羊身上，要想收羊毛，先要养好羊。

己所不欲，勿施于人；但己所欲，则一定要施于人。

别让出力流汗建功立业的人水中望月、雾里看花、画饼充饥，使他们在付出之后伤心失望。

事实上，在一个团队里，成绩和功劳永远是大家共同创造的。穷庙富方丈不是事业成功的标志。

领导者与下级应当同舟共济，把工作干好，把事业发展好，要想做到这一点，关键在于领导者要关心爱护下级，齐心协力，而不是高高在上，脱离群众；要真心实意体恤众人，而不是只关爱自己圈子里的人；要选择德才兼备的人做管理，而不是派人去监管大家。

成员的幸福指数应当成为组织的目标之一。民怨与民愿，不仅是一字之差，而且只有一步之遥。当民愿不被关注且无望得到满足的时候，就会转化为民怨。

团队中出现混日子、混饭吃的现象，往往是一些人的无奈选择，但如果组织中出现无所谓、无所畏的情绪，则是一种可怕的氛围。

8. 用兵之要

【原　文】

夫用兵之要，在崇礼而重禄。礼崇则智士至，禄重则义士轻死。故禄贤不爱财，赏功不逾时，则下力并而敌国削。夫用人之道，尊以爵，赡以财，则士自来。接以礼，励以义，则士死之。

【译　文】

用兵的要义，在于注重礼节，厚给俸禄。注重礼节，智谋之士便会前来投奔；厚给俸禄，忠义之士便会视死如归。所以，给予贤士俸禄时不应吝惜财物，奖赏有功之臣时不应拖延时日。这样，部下便会同仇敌忾，而敌国的力量则会被削弱。用人的原则，应是封爵以尊崇他，厚禄以赡养他，这样贤士就会自动归附。以礼节来接待他，用大义来激励他，贤士便会以死相报了。

【点睛之笔】

善于利用物质利益和恩惠招揽人、使用人、调动人。

与组织成员打成一片，与大家同甘共苦。

人是感情动物，做人的工作，动之以情，晓之以理，诱之以利，尊之以贤，待之以礼，威之以害，往往是简单而有效的。

礼贤下士不应是作秀，奖赏不能是恩赐。奖赏要大方，更要

及时。

士为知己者死,一定是被赏识、被尊重、被满足、被激励之后的必然选择。

9. 将礼

【原 文】

夫将帅者，必与士卒同滋味而共安危，敌乃可加。故兵有全胜，敌有全因。昔者良将之用兵，有馈箪醪者，使投诸河与士卒同流而饮。夫一箪之醪不能味一河之水，而三军之士思为致死者，以滋味之及己也。《军谶》曰："军井未达，将不言渴；军幕未办，将不言倦；军灶未炊，将不言饥。冬不服裘，夏不操扇，雨不张盖，是谓将礼。"与之安，与之危，故其众可合而不可离，可用而不可疲，以其恩素蓄、谋素和也。故曰：蓄恩不倦，以一取万。

【译 文】

身为将帅，必须与士卒同甘苦、共死生，才可与敌作战。如此我军才会大获全胜，而敌人则会全军覆没。以往良将用兵，有人送给他一坛美酒，他让人倒入河中，与士卒同流而饮。一坛酒不能使一河之水都有酒味，而三军将士都想以死相报，这是因为将帅与他们同甘共苦而感激奋发啊！《军谶》说："军井没有打好，将帅不说口渴；帐篷没有搭好，将帅不说疲劳；饭菜没有烧好，将帅不说饥饿。冬日不独自穿皮衣，夏日不独自用扇子，下雨不独自打雨伞，这就是所说的'将礼'。"能与士卒同甘苦、共患难，军队便会万众一心，不可分离，南征北战，不觉疲劳。这是由于将帅

平日里积蓄恩惠、上下一心的缘故。所以说，不断地施恩惠于士卒，便可以赢得千万人的拥护。

【点睛之笔】

领导者与大家同甘共苦，胜过千言万语的许诺和鼓励。

摆架子只能架空自己，特殊化将导致众叛亲离。

吴起亲口吸吮士兵伤口的脓血，情胜父母，霍去病将美酒倒入泉中让众军享用，感受皇恩浩荡，给世人留下美谈，更留下启迪。

将心比心，以心换心，用真情换真心，收获感恩和厚报，提升团队的凝聚力和战斗力。

10. 将威

【原 文】

《军谶》曰:“将之所以为威者,号令也;战之所以全胜者,军政也;士之所以轻战者,用命也。”故将无还令,赏罚必信,如天如地,乃可御人。士卒用命,乃可越境。

夫统军持势者,将也;制胜破敌者,众也。故乱将不可使保军,乖众不可使伐人。攻城则不拔,图邑则不废,二者无功,则士力疲弊。士力疲弊,则将孤众悖,以守则不固,以战则奔北,是谓老兵。兵老则将威不行,将无威则士卒轻刑,士卒轻刑则军失伍,军失伍则士卒逃亡,士卒逃亡则敌乘利,敌乘利则军必丧。

《军谶》曰:“良将之统军也,恕己而治人。推惠施恩,士力日新,战如风发,攻如河决。”故其众可望而不可当,可下而不可胜。以身先人,故其兵为天下雄。

《军谶》曰:“军以赏为表,以罚为里。”赏罚明,则将威行;官人得,则士卒服;所任贤,则敌国震。

《军谶》曰:“贤者所适,其前无敌。”故士可下而不可骄,将可乐而不可忧,谋可深而不可疑。士骄则下不顺,将忧则内外不相信,谋疑则敌国奋。以此攻伐,则致乱。

【译 文】

《军谶》说:“将帅的威严源于号令,作战的胜利在于军政,士卒的敢战根于听命。”因此,将帅要令出必行,赏罚必信,像天地时令那样不可更易,这样,将帅才能统御士卒。士卒服从命令,才可以出境作战。

统帅军队、把握态势的是将领,夺取胜利、打败敌人的是士卒。所以,治军无方的将领不能让他统率三军,离心离德的士卒不能用以攻伐敌国。这样的军队,攻打城池难以拔取,图谋城邑难以占领,两件事都做不到,反而会使军力疲惫不堪。军力疲惫不堪,就会使将领更加孤立,士卒更加抗命。这样的军队,用来守卫则阵地必不稳固,用来作战则士卒必然溃逃,这就叫作师老兵疲。师老兵疲,将领就没有威信。将领没有威信,士卒就不怕刑罚。士卒不怕刑罚,军队就必然混乱。军队混乱,士卒就必然逃亡。士卒逃亡,敌人就必然乘机进攻。敌人进攻,则军队必然大败。

《军谶》说:“良将统率军队,以恕己之道治理部下。广施恩惠,军队的战斗力就会日新月异,交战时就像狂风一样迅疾,进攻时就像河堤决口一样猛烈。”因此,敌人只能眼睁睁地看着这样的军队攻上来,却根本无力抵挡;敌人只能俯首投降,而没有任何取胜的希望。将领能身先士卒,他的军队便可以称雄天下了。

《军谶》说:“治军应当以奖赏为表,以惩罚为里。”赏罚分明,将领的威信才能树立起来;选官用人得当,士卒才会心悦诚服;重用德才兼备的人,敌国就会惧怕。

《军谶》说:"贤士归附的国家,一定会所向无敌。"所以,对待贤士要谦恭而不可简慢,对待将帅要令其心情愉快而不可使之有隐忧,对于谋略要深思熟虑而不可犹豫不决。对待贤士简慢,下属就不会悦服;将帅有隐忧,君主与将领之间便互不信任;谋略犹豫不决,敌国就会乘机得势。这样去打仗,必然招致祸乱。

【点睛之笔】

有两个说法与军队管理关系密切,一个是"军令如山",另一个是"军中无戏言"。这两句话从一个侧面反映了军队管理中执行机制的本质特点:无条件服从命令,无条件听从指挥,无条件执行任务。

组织管理,应该像部队管理那样:第一,必须号令严明,命令一旦发出,就不要轻易收回,因为号令是全军行动的指南,士兵以此为进退,统帅据此而有威严。第二,必须纪律严明,实行刚性约束。软弱少威、号令不明、指挥自乱的将领,不能让他统率军队,纪律败坏的军队不能用来攻伐敌人,现代组织也是如此。第三,必须推惠施恩、恩威并用。第四,必须赏罚分明。用奖赏鼓舞士兵的斗志,用惩罚树立自己的军威,这样破敌制胜才有保证。

号令和赏罚,历来是统御者非常重视的问题,只要有领导者和被领导者之分,就要把号令和赏罚作为一种手段加以运用,否则,民众将成为一盘散沙,军队将成为乌合之众。

领导者和管理者的权之威、令之威必须受到尊敬,有令必行,有禁必止。

领导者和管理者不轻诺,诺必果,说一不二,按照规章制度办

事,彰显制度和政令的权威性。

赏罚要做到“赏不遗贱,罚不阿贵”。奖赏时,贵在能够奖赏有功的小人物;惩罚时,贵在敢于处罚有罪的大人物。

现代管理中,领导者和管理者一方面通过建立、健全一系列规章制度来规范大家的行为,另一方面,通过企业文化建设使大家形成共同的价值观、道德观、荣辱观,形成企业精神,并将其转化为巨大的物质力量和经济效益。

作为领导者,有三点应特别注意:第一,对于贤士精英,要尊敬礼遇,而不能傲慢冷落,他们是难得的人才,能为自己所用,应当感到欣喜;第二,对于各级管理者,要让他心情舒畅,而不能使他忧虑重重,这些人承担着巨大的责任,他们的状态在很大程度上决定着结果如何;第三,谋略必须深远,但不能犹豫不决,否则就会招致祸乱。

11. 论将

【原 文】

夫将者，国之命也。将能制胜，则国家安定。《军谶》曰："将能清，能静，能平，能整，能受谏，能听讼，能纳人，能采言，能知国俗，能图山川，能表险难，能制军权。"故曰：仁贤之智，圣明之虑，负薪之言，廊庙之语，兴衰之事，将所宜闻。

将者能思士如渴，则策从焉。夫将拒谏，则英雄散；策不从，则谋士叛；善恶同，则功臣倦；专己，则下归咎；自伐，则下少功；信谗，则众离心；贪财，则奸不禁；内顾，则士卒淫。将有一，则众不服；有二，则军无式；有三，则下奔北；有四，则祸及国。

《军谶》曰："将谋欲密，士众欲一，攻敌欲疾。"将谋密，则奸心闭；士众一，则军心结；攻敌疾，则备不及设。军有此三者，则计不夺。将谋泄，则军无势；外窥内，则祸不制；财入营，则众奸会。将有此三者，军必败。

将无虑，则谋士去；将无勇，则吏士恐；将妄动，则军不重；将迁怒，则一军惧。《军谶》曰："虑也，勇也，将之所重。动也，怒也，将之所用。"此四者，将之明诫也。

【译 文】

将帅是国家命运的掌握者。将帅能率军战胜敌人，国家才会

安定。《军谶》说:“将帅应能清廉,能沉静,能公平,能严肃,能接受劝谏,能明断是非,能容纳人才,能博采众议,能了解各国风俗,能通晓山川形势,能明了险关要隘,能把握三军形势。”所以说,举凡贤臣的睿智,君主的远虑,民众的议论,官员的意见,以及天下兴衰之事,都是将帅所应当了解的。

将帅能思贤若渴,有谋略的人就会聚集在他周围;将帅不听下属的意见,杰出的人才就会散去;不采纳谋士的良策,谋士就会叛离;善恶不分,功臣就会灰心;一意孤行,下属就会归咎于上;自我炫耀,下属就不愿多建战功;听信谗言,军队就会离心离德;贪图钱财,奸邪之事就无法禁止;贪恋女色,士卒就会淫乱无度。将帅有如上一条,士卒就不会心悦诚服;有两条,军队就没有法纪约束;有三条,全军就会溃败;有四条,就会给国家带来灾祸了。

《军谶》说:“将帅的谋划要机密,士卒的意志要统一,攻敌的行动要迅速。”将帅谋划机密,奸细便无机可乘;士卒意志统一,军心便团结而不离散;攻敌行动迅速,敌军便来不及防备。做到了这三条,军队的行动计划便不会失败了。将帅谋划泄密,军队便失去了有利态势;奸细窥得内情,军队的祸患便无法制止;不义之财进入军营,各种坏事便会一齐发生。将帅有这三条,军队一定会溃败。

将帅思虑短浅,谋士就会离去;将帅怯懦无勇,官兵就会惶恐;将帅轻举妄动,军心便不稳定;将帅迁怒于人,上下就会畏惧。《军谶》说:“谋虑深远,坚定勇敢,是将帅高贵的品德;适时而动,当怒而怒,是将帅用兵的艺术。”这四项,都是将帅要经常提醒自己注意的。

【点睛之笔】

作为组织的领导者,当有过人的智慧和出众的心理素质。

最基本的衡量指标有八条:做人清廉,虑事沉静,办事公平,态度严肃,能接受批评,善于决断,善于接纳人才,博采众议。

作为组织的领导者,还应当有相对完善的知识结构,包括:一定的历史人文知识,一定的自然科学知识,一定的现代管理知识。

作为组织的领导者,还应当有一定的能力结构,包括:思维判断能力,分析概括能力,表达沟通能力,获取情报信息的能力,动手能力。

作为组织的领导者,要注意杜绝如下毛病:听不进来自下级的不同声音;不采纳专家的意见;善恶不分,是非不明;刚愎自用,一意孤行;个人崇拜,自我夸耀;听信谗言,喜欢逢迎;贪图财物,私欲膨胀;贪恋酒色,意志消沉。

作为组织的领导者,采取行动的时候要确保制胜三要素齐备:领导层有周密而隐秘的计划;团队成员精神高度集中且沉静;行动迅速而有力。

作为组织的领导者,要懂得领导艺术"四字经",恰到好处运用"虑、勇、动、怒":宜深谋远虑,忌目光短浅;宜神勇威武,忌胆怯懦弱;宜适时进退,忌轻举妄动;宜不怒自威,忌迁怒他人。

12. 养士

【原 文】

《军谶》曰:“军无财,士不来;军无赏,士不往。”《军谶》曰:“香饵之下,必有悬鱼;重赏之下,必有死夫。”故礼者,士之所归;赏者,士之所死。招其所归,示其所死,则所求者至。故礼而后悔者,士不止;赏而后悔者,士不使。礼赏不倦,则士争死。

《军谶》曰:“兴师之国,务先隆恩。攻取之国,务先养民。”以寡胜众者,恩也;以弱胜强者,民也。故良将之养士,不易于身。故能使三军如一心,则其胜可全。

《军谶》曰:“用兵之要,必先察敌情。视其仓库,度其粮食,卜其强弱,察其天地,伺其空隙。”故国无军旅之难而运粮者,虚也;民菜色者,穷也。千里馈粮,民有饥色;樵苏后爨,师不宿饱。夫运粮千里,无一年之食;二千里,无二年之食;三千里,无三年之食,是谓国虚。国虚则民贫,民贫则上下不亲。敌攻其外,民盗其内,是谓必溃。

【译 文】

《军谶》说:“军中没有资财,士就不来归附;军中没有奖赏,士就不勇往直前。”《军谶》说:“在香美的鱼饵的引诱下,必定有上钩之鱼;在厚重的赏赐引诱之下,必定有敢死之士。”所以,使士衷心归附的是礼,使士乐于效死的是赏。以礼来招徕重视礼节者,以赏来吸引追求赏赐者,那么所需要的人才就会到来。所以先以礼相待,后来又反悔的,士就不会留在营中;先以赏示人,后来又反悔的,士就不会为之效命。只有礼、赏始终如一,士才会争着为其赴死。

《军谶》说:“要进行战争,务必事先厚施恩惠;要进攻别国,务必事先与民休息。”能以少胜多,是厚施恩惠的结果;能以弱胜强,是得到民众拥护与支持的结果。所以,优秀的将帅对待士卒像对待自己一样。这样就能全军上下万众一心,在战争中百战百胜了。

《军谶》说:“用兵的关键,在于首先察明敌情。了解其库存的虚实,估计其粮食的多少,判断其兵力的强弱,调查其天气与地形情况,寻找其薄弱环节。”所以,国家没有战争而运送粮食的,说明其国力空虚;百姓面黄肌瘦的,说明其民众贫穷。从千里之外运粮,百姓就会饥饿;临时砍柴做饭,军队便得不到休息,吃不上饭。千里之外运粮,说明国家缺一年之粮;两千里之外运粮,说明国家缺两年之粮;三千里之外运粮,说明国家缺三年之粮。这正是国力空虚的表现。国力空虚,百姓就会贫穷;百姓贫穷,上下就不会亲睦。敌人从外面进攻,百姓在内部生变,国家就必然溃亡。

【点睛之笔】

建立奖励机制,并在组织管理中正确运用它,这就是所谓的“以待遇留人”;时刻让大家感受到组织追求目标的价值所在、利

益所在,这就是所谓的“以事业留人”;

关心大家的生活、工作、学习、身体和思想,创造温馨、和谐、积极的氛围和环境,使大家心情舒畅,少受干扰,这就是所谓的“以感情留人”。

对内,领导做到“礼待之,赏励之,利惠之,恩养之”,且始终如一,则团队战无不胜;

对外,领导必须对自己的对手有全面、深刻而正确的认识和分析。这样才可以使自己在与对手的较量中心中有数,占据积极主动的位置。

13. 十祸

【原 文】

《军谶》曰:“上行虐则下急刻。赋敛重数,刑罚无极,民相残贼,是谓亡国。”

《军谶》曰:“内贪外廉,诈誉取名,窃公为恩,令上下昏;饰躬正颜,以获高官,是谓盗端。”

《军谶》曰:“群吏朋党,各进所亲,招举奸枉,抑挫仁贤,背公立私,同位相讪,是谓乱源。”

《军谶》曰:“强宗聚奸,无位而尊,威无不震,葛藟相连,种德立恩,夺在位权,侵侮下民,国内哗喧,臣蔽不言,是谓乱根。”

《军谶》曰:“世世作奸,侵盗县官,进退求便,委曲弄文,以危其君,是谓国奸。”

《军谶》曰:“吏多民寡,尊卑相若,强弱相虏,莫适禁御,延及君子,国受其咎。”

《军谶》曰:“善善不进,恶恶不退,贤者隐蔽,不肖在位,国受其害。”

《军谶》曰:“枝叶强大,比周居势,卑贱陵贵,久而益大,上不忍废,国受其败。”

《军谶》曰:“佞臣在上,一军皆讼。引威自与,动违于众;无进无退,苟然取容;专任自己,举措伐功;诽谤盛德,诬述庸庸;无

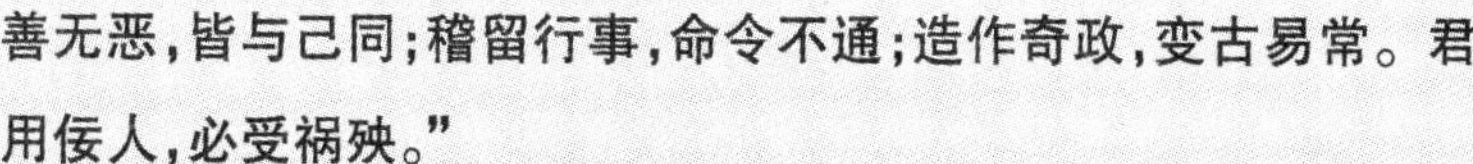

善无恶，皆与己同；稽留行事，命令不通；造作奇政，变古易常。君用佞人，必受祸殃。”

《军谶》曰：“奸雄相称，障蔽主明；毁誉并兴，壅塞主聪；各阿所私，令主失忠。”

故主察异言，乃睹其萌；主聘儒贤，奸雄乃遁；主任旧齿，万事乃理；主聘岩穴，士乃得实；谋及负薪，功乃可述；不失人心，德乃洋溢。

【译 文】

《军谶》说：“君主暴虐无道，官吏便会苛切诛求；横征暴敛，滥用酷刑，老百姓便会起来反抗。这就是人们所说的亡国之兆。”

《军谶》说：“内心贪婪而外表廉洁，以欺骗的手段猎取好的名声；盗用朝廷的爵禄以行私惠，使上上下下都认不清真相；伪为谦恭而外示正直，以此骗取高官，这就是人们所说的窃国之始。”

《军谶》说：“官吏结党营私，各自招引亲信，网罗奸邪之徒，压制仁人贤士，背弃公道，谋取私利，同僚之间，攻讦不已，这就是人们所说的大乱之源。”

《军谶》说：“强宗大族，相聚为奸，虽然没有国家授予的官职，却十分显赫，威名显扬，无人不惧，彼此勾结，如同葛藤般盘根错节，私施小恩小惠，侵夺朝廷大权，欺压穷苦百姓，国内怨声载道，骚动不安，群臣却隐蔽实情而不敢直言，这就是人们所说的大乱之根。”

《军谶》说：“世世代代，为奸作恶，损害天子的权威，一举一动，皆为自己谋取私利，歪曲文法，连高高在上的君主都受到了威胁，这就是人们所说的国之奸贼。”

《军谶》说：“官多民少，尊卑不分，以强凌弱，无力禁止，连君子也受到牵连，这样，国家必定要蒙受其难。”

《军谶》说：“喜爱好人而不任用，厌恶坏人而不贬斥，有才有德的人被迫隐退，品行恶劣的人却当权执政，这样，国家必定要蒙受其害。”

《军谶》说：“宗室势力强大，互相勾结，窃居要位，欺下犯上，时间久了，势力将越来越大，而君主又不忍心铲除，这样，国家必定会遭到败坏。”

《军谶》说：“奸佞之徒当权，全军上下都会愤愤不平。他们倚仗权势，炫耀自己，一举一动，辄违众意；他们进退毫无原则，只知附和、讨好君主；他们刚愎自用，夸功自傲；他们诽谤有德之士，诬陷有功之臣；他们没有善恶标准，只求符合自己的心意；他们积压政务，使上令不能下达；他们造作苛政，变乱古制，更易常法。君主任用这种奸佞之徒，必定会遭受祸害。”

《军谶》说：“奸雄互相标榜，蒙蔽君主的眼睛，使其是非不分；他们使诽谤与吹捧同时兴起，堵塞君主的耳朵，使其善恶难辨；他们各自庇护自己的亲信，使君主失去忠臣。”

因此，君主能明察诡异之言，才能看出祸乱的萌芽；君主聘用儒士贤才，奸雄便会远遁；君主重用故旧耆老之臣，政事才能井井有条；君主征召山林隐士，才能得到有真才实学的贤士；君主谋事能倾听黎民百姓的意见，才能建立可以书诸竹帛的功业；君主不失去民心，其德泽才可以遍及天下。

【点睛之笔】

领导者对于组织管理中的十种恶劣现象应保持高度警惕，一旦出现苗头，务必彻底消除，万不可使之泛滥。

乱象之一：领导层脾气暴躁；中层行事苛刻，要求不切实际；群众怨声载道，工作不堪重负；过分依赖处罚制度，导致人人自危，相互争斗陷害。

乱象之二：领导层伪装清廉，掩盖贪婪，欺世盗名；管理层假公济私，以权谋私，欺上下瞒；基层虚与委蛇，假面做人，骗取职位。

乱象之三：结党营私，拉帮结派，各自为政；任人唯亲，因人设岗，嫉贤妒能；拆台掣肘，相互攻击，离心离德。

乱象之四：个别人狂妄嚣张，无位而尊，恃强凌弱；团伙联手，收买人心，篡权干政；欺压群众，恣意放肆，威胁领导。

乱象之五：长期作恶，欺骗领导，损公肥私；于己方便，曲解规章，破坏原则。

乱象之六：指手画脚之人多，恪尽职守之人少；没有长幼尊卑，强者欺凌弱者；领导层无法有效禁绝恶习，组织机制受到损害。

乱象之七：有扬善之言，却无用善之举；有斥恶之声，却无退恶之行；贤能之人忍气吞声，奸邪之徒飞扬跋扈。

乱象之八：个别人实力强大，威势显赫，凌驾于组织之上，不可一世；领导层迟迟不能痛下决心予以剪除，放纵恶习。

乱象之九：奸臣当道，以权威自居，违背众人意愿；不讲原则，只看领导脸色行事;刚愎自用,贪功、揽功、抢功;目中无人,诽谤他人的品德与功绩;善恶不分,以个人的标准要求大家;办事拖沓,导致政令不畅,没有效率;标新立异,别出心裁,以改革创新自居,群众怨声载道。

乱象之十:手下互相吹捧,用虚假信息蒙蔽领导;遇事七嘴八舌,各执一词,领导无法听到实话;各自偏袒自己的部下,领导失去忠臣。

领导怎样才能避免十大祸患呢?需要从六个方面做好工作:

洞察不同言论,兼听则明;

任用贤德之人;

重视有经验的人;

多向高人请教;

多听取群众意见;

把大家团结在一起,同心同德。

简而言之,有效克服十乱之弊的重要途径就是:察言兼听,咨谋用贤。具体为:

向高人借招;

向贵人求教;

向贤人借智;

向群众借力。

中略

1. 王霸

【原 文】

夫三皇无言，而化流四海，故无所归功。帝者，体天则地，有言有令，而天下太平。君臣让功，四海化行，百姓不知其所以然。故使臣不待礼赏有功，美而无害。王者，制人以道，降心服志，设矩备衰，四海会同，王职不废。虽有甲兵之备，而无斗战之患。君无疑于臣，臣无疑于主，国定主安，臣以义退，亦能美而无害。霸者，制士以权，结士以信，使士以赏。信衰则士疏，赏亏则士不用命。

【译 文】

三皇不需要任何言论，教化便流布四海，所以天下的人不知道该归功于谁。五帝效法天地运行，增设言教，制定政令，天下因此太平。君臣之间，互相推让功劳；四海之内，教化顺利实现，黎民百姓却不知其中的原因。所以，任用臣属不需依靠礼法和奖赏，就能做到君臣和美无间。三王用道德治理民众，使民众心悦诚服。三王制定法规，以防衰败，天下诸侯按时朝觐，天子的法度施行不废。虽然有军备，但并没有战争的祸患。君主不怀疑臣属，臣属也不怀疑君主。国家稳定，君位巩固，大臣适时功成身退,君臣之间也能和睦相处而无猜疑。五霸用权术统御士,以信任结交士,靠奖赏使用士。信任衰微,士就会疏远;奖赏亏欠,士便不会用命。

【点睛之笔】

领导的最高境界是行无言之教;次一等的境界是效法天地而有所作为。

领导者也可以用伦理和法规实现统治;权术也是很重要的手段和工具。

“制士以权,结士以信,使士以赏”,永远是最重要的落脚点。

时代不同了,用人的手段也不一样,因此择人任时就成为用人观的重要组成部分。发现人才、识别人才、集纳人才都是手段,使用人才、发挥人才的作用才是目的;仅能发现人才、招纳人才,而不会使用人才,等于没有人才;不能适时用才,则是浪费人才、误用人才。

2. 将在自专

【原 文】

《军势》曰："出军行师，将在自专。进退内御，则功难成。"

【译 文】

《军势》说："出兵作战，重在将帅有专断指挥之权。军队的进退如果都受君主控制，是很难打胜仗的。"

【点睛之笔】

实行科学的层级管理和授权管理，避免不放心、乱干涉、瞎指挥。

"将在外，君命有所不受"，既是兵法原则，也是现代管理的法则。

建立有效的监督机制，确保信息传递通畅，意见沟通及时，指挥调度有序，行为控制有力。

3. 军之微权

【原 文】

《军势》曰:“使智、使勇、使贪、使愚。智者乐立其功,勇者好行其志,贪者邀趋其利,愚者不顾其死。因其至情而用之,此军之微权也。”

《军势》曰:“无使辩士谈说敌美,为其惑众;无使仁者主财,为其多施而附于下。”

《军势》曰:“禁巫祝,不得为吏士卜问军之吉凶。”

《军势》曰:“使义士不以财。故义者不为不仁者死,智者不为暗主谋。”

【译 文】

《军势》说:“对智者、勇者、贪者、愚者的使用方法各有不同。有智谋的人喜欢建功立业,勇敢的人喜欢实现自己的志向,贪财的人追求利禄,愚鲁的人不惜性命。根据他们各自的特点来使用他们,这就是用人的微妙权术。”

《军势》说:“不要让能说会道的人谈论敌人的长处,因为这样会惑乱人心;不要用仁厚的人管理财务,因为他会曲从于下属的要求而浪费钱财。”

《军势》说:“军中要禁绝巫祝,不准他们为将士们预测

吉凶。”

《军势》说：“使用侠义之士不能靠钱财。因为，义士是不会替不仁不义的人去卖命的，明智的人是不会替昏聩的君主出谋划策的。”

【点睛之笔】

合理使用不同类型的人：

把立功出名的机会留给有智谋的人；让勇敢的人冲在最前面；用利益引导有贪念的人；把艰苦的事情交给踏实苦干的人。

要密切关注三种行为：

能说会道者长他人志气，散布惑众之言，有涣散人心之后果；仁厚之人用工作之便讨好众人，有收买人心之企图；不能让占卜之事在组织内部大行其道，一定不要让奇谈怪论影响组织成员的思想，决不允许流言蜚语在组织内部随意流传。

对于有精神追求的人来说，谈金钱就是对人格的侮辱；深明大义的人不会为阴险小人卖命；真正有智慧的人不会给昏庸的领导者出谋划策。

合理用人是检验一个领导者用人艺术高低的重要方面。

人各有志，人亦各有所长、各有所短，因此要因人而异、因人而宜，用人之长，避人所短，把不同追求和不同优点的人用在最适合其有所作为的地方。

4. 德威

【原 文】

主不可以无德，无德则臣叛；不可以无威，无威则失权。臣不可以无德，无德则无以事君；不可以无威，无威则国弱，威多则身蹶。

【译 文】

君主不能没有德行，没有德行大臣就会背叛；君主不能没有威势，没有威势就会丧失权力。大臣不能没有德行，没有德行就无法辅佐君主；大臣也不能没有威势，没有威势国家就会衰弱，但是大臣的威势超过一定限度则会害了自己。

【点睛之笔】

领导要立德、立威并重。因为德不足则失人心，威不足则失权柄。

领导干部和管理者都要有道德修养。一个没有道德修养的领导者无法让有追求的人团结在自己的周围；而一个没有道德修养的职业经理人，也无法得到领导的赏识和重用。

处在领导岗位或管理岗位上，就要树立起自己的威望，这样才能更好地行使职权，确保各项工作有条不紊地推进。

作为一个职业工作者，既要能表现出自己的才干，更要让领导发现自己的忠诚度、敬业精神和责任心。

道德风范、精神境界常常构成一个职业工作者的核心竞争力，忠诚度要高，名声要好。

5. 谲奇

【原 文】

故圣王御世，观盛衰，度得失，而为之制。故诸侯二师，方伯三师，天子六师。世乱则叛逆生，王泽竭则盟誓相诛伐。德同势敌，无以相倾，乃揽英雄之心，与众同好恶，然后加之以权变。故非计策无以决嫌定疑，非谲奇无以破奸息寇，非阴谋无以成功。

【译 文】

圣明的君王治理天下，观察世道的盛衰，衡量人事的得失，然后制定典章制度。所以诸侯辖二军，方伯辖三军，天子辖六军。世道乱了，叛逆便产生了；天子的德泽枯竭了，结盟立誓的诸侯之间相互攻伐就开始了。诸侯之间，势均力敌，谁也没有办法战胜对手，于是便争相延揽英雄豪杰，与之同好同恶，然后再运用权变之术。所以，不运筹谋划，是没有办法决嫌定疑的；不诡诈出奇，是没有办法破奸平寇的；不秘密谋划，是没有办法取得成功的。

【点睛之笔】

领导者不仅要耳聪目明，还要善于思考、善于分析，更要精于判断、长于决断，所谓“先人一步，高人一筹，赢在眼光，胜在思路”就是这个意思。

要有格局意识,更要善于布局,把各种资源合理调配到适宜的环境中。

当与对手势均力敌的时候,想办法使其资源为我所用,就是最好的取胜之道。

运筹帷幄,谋定而后动,这就是“上兵伐谋”;

动而出奇,不走寻常路,这就是“出奇制胜”;

涉及战略目标、重大利益、关键问题的决策,一定不能大肆宣扬,更不能随意透露给竞争对手。只有打赢商业谍战,才能打赢商战,这就是“抢占先机”。

6. 霸者之略

【原 文】

圣人体天，贤者法地，智者师古。是故《三略》为衰世作。《上略》设礼赏，别奸雄，著成败；《中略》差德行，审权变；《下略》陈道德，察安危，明贼贤之咎。故人主深晓《上略》，则能任贤擒敌；深晓《中略》，则能御将统众；深晓《下略》，则能明盛衰之源，审治国之纪。人臣深晓《中略》，则能全功保身。

夫高鸟死，良弓藏；敌国灭，谋臣亡。亡者，非丧其身也，谓夺其威、废其权也。封之于朝，极人臣之位，以显其功；中州善国，以富其家；美色珍玩，以说其心。

夫人众一合而不可卒离，威权一与而不可卒移。还师罢军，存亡之阶。故弱之以位，夺之以国，是谓霸者之略。故霸者之作，其论驳也。存社稷罗英雄者，《中略》之势也，故世主秘焉。

【译 文】

圣人能够体察天之道，贤人能够取法地之理，智者能够以古为师。所以，《三略》一书，是为衰微的时代而作的。《上略》设置礼赏，辨识奸雄，揭示成败之理；《中略》区分德行，明察权变；《下略》陈述道德，考察安危，说明残害贤人的罪过。所以，君主深通《上略》，就可以任用贤士，制服敌人了；君主深通《中略》，便可以

驾驭将帅，统领兵众；君主深通《下略》，就可以明辨兴衰的根源，熟知治国的纲纪。人臣深通《中略》，就可以成就功业，保全身家。

高飞的鸟儿被射死，良弓就该收起来了；敌对的国家被灭亡，谋臣就该消失了。所谓的消失，并不是消灭他的肉体，而是要削弱他的威势，剥夺他的权力。在朝廷上给他封赏，给他人臣中最高的爵位，以此来表彰他的功劳；封给他中原肥沃的土地，使他的家中富有；赏给他美女珍玩，使他心情愉悦。

军队一旦编成，是无法仓促解散的；兵权一经授予，是无法马上收回的。战争结束，将帅班师，对于君主来说，这是生死存亡的关键时刻。所以，要以封爵为名削弱他的实力，要以封土为名剥夺他的兵权，这就是霸者统御将帅的方略。因此，霸者的行为，是驳杂而不纯的。保全国家，收罗英雄，就是《中略》所论的权变，历代做君主的，对此都是秘而不宣的。

【点睛之笔】

领导要善于学习，向自然学习，向万物学习，向历史学习。

读书学习，要善于品味其精髓，理解其思想，灵活运用其方法。

最高领导者与管理团队之间，重要的是相互理解、相互支持、相互配合，而不是相互提防、相互猜疑、相互掣肘，更不是相互残害。

孟子关于君臣关系的一段论述，有助于我们很好地认识领导班子与管理团队之间应该如何相处。孟子所论的大致意思是：

"君主将臣下视为自己的手足,臣下就会将君主视为自己的腹心;君主将臣下视为犬马,臣下就会将君主视为一般的人;君主将臣下视为泥土、草芥,臣下就会将君主视为仇敌。"这里提出了君臣关系的三种类型,然而几千年的专制制度,君臣之间以后两种关系为多。臣下将君主看作一般的人,君臣就能平安相处;臣下将君主看作仇敌,就会发生兔死狗烹的悲剧。之所以造成这种悲剧,是因为那些与君主朝夕相处、距离最近、关系密切的大臣,尤其是那些为君主权力的取得和巩固,殚精竭虑、出生入死、立下汗马功劳的大臣,即使没有对君主形成实际的威胁,君主也依然会视其为一种潜在的威胁,必欲除之而后安。

下略

1. 圣贤

【原 文】

夫能扶天下之危者，则据天下之安；能除天下之忧者，则享天下之乐；能救天下之祸者，则获天下之福。故泽及于民，则贤人归之；泽及昆虫，则圣人归之。贤人所归，则其国强；圣人所归，则六合同。求贤以德，致圣以道。贤去，则国微；圣去，则国乖。微者危之阶，乖者亡之征。

贤人之政，降人以体；圣人之政，降人以心。体降可以图始，心降可以保终。降体以礼，降心以乐。所谓乐者，非金石丝竹也，谓人乐其家，谓人乐其族，谓人乐其业，谓人乐其都邑，谓人乐其政令，谓人乐其道德。如此君人者，乃作乐以节之，使不失其和。故有德之君，以乐乐人；无德之君，以乐乐身。乐人者，久而长；乐身者，不久而亡。

【译 文】

能够拯救天下倾危的，就能得到天下的安宁；能够解除天下忧患的，就能够享受天下的快乐；能够解救国家灾祸的，就能够得到天下的幸福。所以，恩泽遍及百姓，贤人就会归附于他；恩泽遍及于万物，圣人就会归附他。贤人归附，国家就能强盛；圣人归附，天下就能统一。使贤人归附要用“德”，使圣人归附要用

"道"。贤人离去,国家就要衰弱了;圣人离去,国家就要混乱了。衰弱是通向危险的阶梯,混乱是即将灭亡的征兆。

贤人执政,能使人从行动上服从;圣人执政,能使人从内心顺从。从行动上服从,便可以开始创业了;从内心顺从,才可以善始善终。使人从行动上服从靠的是礼教,使人从内心顺从靠的是乐教。所谓的乐教,并非指金、石、丝、竹,而是使人们喜爱自己的家庭,喜爱自己的宗族,喜爱自己的职业,喜爱自己的城邑,喜爱国家的政令,喜爱社会的伦理道德。这样治理民众,然后再制作音乐来陶冶人们的情操,使社会不失和谐。所以,有道德的君主,用音乐来使天下快乐;没有道德的君主,用音乐来使自己快乐。使天下快乐的,国家便会长治久安;使自己快乐的,不久便会亡国。

【点睛之笔】

扶危济困、除忧施乐、消祸造福,当是领导者的使命所在和职责担当。

钱财最宜取之于民,用之于民。多施惠泽,才可广揽人才;恩泽及万物,圣人自归附。

得贤得圣,事业鼎盛;家大业大,是为人大。

做有道德、讲道义的成功人士。

没有圣贤的团队,注定不能持久保持精诚团结。

既要能管住人的手脚,更要能管住其思想;

行为确保创始,思想决定结果;

优秀的管理者能管住人们的手脚,卓越的管理者能管住人们的思想;

用规章制度只能约束人们的行为,用精神可以统一人们的思想。

快乐如同音乐,应该同众人分享;

音乐能鼓舞士气,促进团结,激发斗志;

使大家快乐的人,可得天长地久之果;只知自身快乐的人,不可能万古长青。

2. 释远

【原 文】

释近谋远者，劳而无功；释远谋近者，佚而有终。佚政多忠臣，劳政多怨民。故曰，务广地者荒，务广德者强，能有其有者安，贪人之有者残。残灭之政，累世受患。造作过制，虽成必败。

舍己而教人者逆，正己而教人者顺。逆者乱之招，顺者治之要。

【译 文】

舍弃眼前而思虑长远，不修内政而向外扩张，这样做结果只能是劳而无功；不追求长远而专注于眼前，不事扩张而修明内政，这样做可以安逸而有成。实行与民休养生息的政策，朝堂之上就会出现许多忠义之臣，民众也会安分而有为，以报答君主；实行劳民伤财的政策，只会使民众抱怨君主，国家就会出现许多怨恨之民。所以说，热衷于扩张领土的，内政必然荒废；致力于推行德政的，国家就会强盛；能珍惜并保全自己本来固有的，国家就会平安；一味垂涎别人所有的，国家就会残破。统治残酷暴虐，世世代代都要受害。事情超过了限度，即使一时成功，最终也难免失败。

不正己而正人，其势拂逆；先正己而后正人，才顺乎常理。行为拂逆是招致祸乱的根源，顺乎常理是国家安定的关键。

【点睛之笔】

可以有战略追求，但是要立足于脚下；

关注民生，倾听民声，了解民愿，使百姓安居乐业，才可消除民怨；

坚持从自己的实际出发，最大限度地发挥已有资源的作用；

总想将别人的据为己有，总想置对方于死地，这是一种很可怕的心态，因为竞争的关键不是消灭对手，而是让自己强大；

不要追求用超常做法赢得胜利，可持续发展一定是建立在科学发展的基础上；

用自己的正，实现众人之正；用众人之正，实现事业之正；用事业之正，修成正果。

3. 道德

【原 文】

道、德、仁、义、礼,五者一体也。道者人之所蹈,德者人之所得,仁者人之所亲,义者人之所宜,礼者人之所体,不可无一焉。故夙兴夜寐,礼之制也;讨贼报仇,义之决也;恻隐之心,仁之发也;得己得人,德之路也;使人均平,不失其所,道之化也。

【译 文】

道、德、仁、义、礼,五位一体。道是人们所应遵循的,德是人们从道中所得到的,仁是人们所亲近的,义是人们所应做的,礼是人们的行为规范,五者缺一不可。所以,起居有节,是礼的约束;讨贼报仇,是义的决断;怜悯之心,是仁的发端;修己安人,是德的途径;使人均平,各得其所,是道的教化。

【点睛之笔】

管理的至高境界是文化的熏陶;

让制度深入人心,把约束变成习惯,而习惯就是文化的基本表现,是素质的自觉反映,具有超越规章制度的作用。

4. 命令

【原 文】

出君下臣名曰命，施于竹帛名曰令，奉而行之名曰政。夫命失，则令不行；令不行，则政不正；政不正，则道不通；道不通，则邪臣胜；邪臣胜，则主威伤。

【译 文】

君主下达给臣下的指示叫“命”，书写在竹帛上叫“令”，执行命令叫“政”。“命”有失误，“令”就不能推行；“令”不推行，“政”便出现偏差；“政”有偏差，治国之“道”便不通畅；“道”不通畅，奸邪之臣便会得势；奸邪之臣得势，君主的威信就会受到损害。

【点睛之笔】

政令重在执行，应确保领导的威严和政令的神圣性与权威性。

令不行，政不正，道不通，邪臣胜，都是执行力方面的严重问题。

用系统思想指导执行力体系建设：

首先，是确保政令科学、合理、无误；

其次，是确保指挥系统畅通、有效；

再次,是确保执行命令到位;

第四,是确保工作方法正确;

最后,是确保系统没有漏洞,不给别有用心之人以可乘之机。

5. 迎贤

【原 文】

千里迎贤，其路远；致不肖，其路近。是以明王舍近而取远，故能全功尚贤，而下尽力。

废一善，则众善衰；赏一恶，则众恶归。善者得其祐，恶者受其诛，则国安而众善至。

众疑无定国，众惑无治民。疑定惑还，国乃可安。

一令逆则百令失，一恶施则百恶结。故善施于顺民，恶加于凶民，则令行而无怨。使怨治怨，是谓逆天；使仇治仇，其祸不救。治民使平，致平以清，则民得其所，而天下宁。

犯上者尊，贪鄙者富，虽有圣王，不能致其治。犯上者诛，贪鄙者拘，则化行而众恶消。

清白之士，不可以爵禄得；节义之士，不可以威刑胁。故明君求贤，必观其所以而致焉。致清白之士，修其礼；致节义之士，修其道。而后士可致，而名可保。

【译 文】

千里之外去聘请贤人，路途十分遥远；招引不肖之徒，路途却十分近便。所以，英明的君主总是舍弃身边的不肖之徒，不远千里去寻求贤人，因此能够保全功业，尊崇贤人，臣下也能尽心竭力。

弃置一位贤人，众多的贤人便会引退；奖赏一个恶人，众多的恶人便会蜂拥而至。贤人得到保护，恶人受到惩罚，就会国家安定，群贤毕至。

民众都对政令怀有疑虑，国家就不会得到安定；民众都对政令困惑不解，社会就不会得到治理。疑虑消失，困惑解除，国家才会安宁。

一项政令违背民意，其他政令也就无法推行；一项恶政得到实施，无数恶果也就从此结下。所以，对顺民要实施仁政，对刁民要严加惩治，如此，则政令畅通无阻，民无怨言。用民众所怨恨的政令去治理怀有怨气的民众，叫作违背天道；用民众所仇恨的政令去治理怀有仇恨的民众，灾祸将无可挽救。治理民众要依靠贫富均平，贫富均平要依靠政治清明。这样，民众便会各得其所，天下也就安宁了。

如果犯上之人反而尊贵，贪鄙之人反而富有，那么即使有圣明的君王，也无法把国家治理好。犯上之人受到惩处，贪鄙之人受到拘禁，这样，教化才能得到推行，各种邪恶也就自然消除。

清正廉洁的人，是无法用爵禄收买的；有节操讲义气的人，是无法用威刑使之屈服的。所以圣明的君主征求贤人，必须根据他们的志趣而采取不同的方式。罗致品德高尚的人，要讲究礼节；罗致崇尚节操的人，要依靠道义。这样，贤士便可以招致，君主的英名也可以保全了。

【点睛之笔】

求贤不辞远，赏善引众善。

招揽贤才要不惜一切代价，这样才会有人人尽力而为的局面。

赏善而罚恶，为的是营造健康的精神环境。废善之举，如同给健康肌体植入有害病菌；赏恶之举，则是激活体内的癌细胞。佑善，等于强化健康素质；诛恶，就是对病体做手术。

适度的政务公开和民主参与，有助于更好地推进工作；

不要让大家在猜忌和疑惑中工作和生活；

透明度就是民主，把知情权落在实处；

一个错误的决定会冲减一百个正确决定的效果，一个错误的行为会导致一百个错误发生；

管理的作用之一就是顺气消怨：

用抱怨对待抱怨，只能加重抱怨；

用仇恨报复仇恨，后患无穷；

心平气和，公正清明，教化行而民无怨，这才是和谐。

不可用同一种模式对待所有的人。

清廉之士不在乎利禄爵位，而注重礼节名声；节义之士不惧怕刑罚威胁，而注重道义名声。

6. 抱道

【原 文】

夫圣人君子，明盛衰之源，通成败之端，审治乱之机，知去就之节。虽穷不处亡国之位，虽贫不食乱邦之禄。潜名抱道者，时至而动，则极人臣之位。德合于己，则建殊绝之功。故其道高，而名扬于后世。

【译 文】

圣人君子能够明察兴衰的根源，通晓成败的端倪，洞悉治乱的关键，懂得去就的时机。即使穷困，也不会贪图将亡之国的高位；即使贫苦，也不会苟取衰乱之邦的厚禄。隐姓埋名、胸怀经邦治国之道的人，时机到来后一旦行动，便可以位极人臣。君主的志向一旦与自己相投，便可以建立绝世的功勋。所以，他的道术高明，美名流芳千古。

【点睛之笔】

学会看透大势、看到变化、看出结果，知道自己在哪里、到哪里去、怎么去。

所谓的高人，往往在施展抱负之际，就已经对事物的发展变化了然于胸，既能预测其未来的趋势，又能洞悉兴亡、成败、治乱

的玄机,从而理性地选择自己的去留策略。正因为他们通达世事,洞悉治乱,能够把握时机,所以他们审时度势,伺机而动,服务效力于与自己合德的君主,从而建立卓越功勋,扬名于后世。

何为清醒理智?那就是:

不在显现败亡之象的组织中追求个人职业的发展,不在管理混乱的团队里谋求个人利益的实现;胸怀济世之才,又能待机而动,适时而为,与志同道合之人心心相印,同舟共济。

7. 义兵

【原 文】

圣王之用兵，非乐之也，将以诛暴讨乱也。夫以义诛不义，若决江河而溉爝火，临不测而挤欲堕，其克必矣。所以优游恬淡而不进者，重伤人物也。夫兵者，不祥之器，天道恶之。不得已而用之，是天道也。夫人之在道，若鱼之在水，得水而生，失水而死。故君子者，常畏惧而不敢失道。

【译 文】

圣明的君主进行战争，并不是出于喜好，而是用来诛灭残暴，讨伐乱贼。用正义讨伐不义，就像决开江河之水去淹灭小小的火炬一样，又像在无底的深渊旁边推下去一个摇摇欲坠的人一样，其胜利是必然的。圣明的君主之所以沉稳从容而不急于进兵，是不愿造成过多的人员和物资损耗。战争是不吉祥的事情，天道是厌恶战争的。只有在迫不得已时进行战争，才是顺乎天道的。人和天道的关系，就像鱼与水一样，鱼得到水便可以生存，失去水肯定要死亡。所以，君子们常常心存敬畏，一刻也不敢背离天道。

【点睛之笔】

一个有社会责任心的组织，行动时一定要符合社会道义。任

何时候都要师出有名，正义在握，方能有理而为。

不到万不得已时，不采取极端的行动。极端之举毕竟是一种无奈的伤害，不可以此为乐。严格的管理不等于没有人性。好生之德是一种至高境界，好生才会有重生。

要懂得敬畏天道，学会顺应天道，努力做好人事。

8. 去害

【原 文】

豪杰秉职，国威乃弱；杀生在豪杰，国势乃竭。豪杰低首，国乃可久；杀生在君，国乃可安。四民用虚，国乃无储；四民用足，国乃安乐。

贤臣内，则邪臣外；邪臣内，则贤臣毙。内外失宜，祸乱传世。

大臣疑主，众奸集聚。臣当君尊，上下乃昏；君当臣处，上下失序。

伤贤者，殃及三世；蔽贤者，身受其害；嫉贤者，其名不全；进贤者，福流子孙。故君子急于进贤而美名彰焉。

利一害百，民去城郭；利一害万，国乃思散。去一利百，人乃慕泽；去一利万，政乃不乱。

【译 文】

专权跋扈的大臣执政，国君的威望就会受到损害；生杀大权操于其手，国君的权势也就衰竭了。专权跋扈之臣俯首从命，国家才能长久；生杀之权操于国君，国家才能安定。百姓穷困，国家就没有储备；百姓富足，国家才会安乐。

重用贤臣，奸臣就会被排斥在外；重用奸臣，贤臣就会被置于

死地。亲疏不当,祸乱就会延及后世。

大臣自比君主,众奸就会乘机聚集。人臣享有君主那样的尊贵,君臣名分就会昏昧不明;君主沦为臣子那样的地位,上下秩序就会颠倒混乱。

伤害贤才的,祸患会殃及子孙三代;埋没贤才的,自身会遭到报应;妒忌贤才的,名誉不能保全;举荐贤才的,子孙后代都会受惠于他的善行。所以君子总是热心于举荐贤人,因而美名显扬。

对一个人有好处,对一百个人有害处,民众就会离开城邑;对一个人有好处,对一万个人有害处,全国就会人心离散。除掉一个人而有利于一百个人,人们就会感慕他的恩泽;除掉一个人而有利于一万个人,政治就不会发生混乱了。

【点睛之笔】

组织内部,一旦有小人得势,必然滋生奸邪,败坏组织风气,影响事业发展。

领导要谨防大权旁落,谨防被架空。

人人皆知的道理:丰衣足食,长治久安。

亲近、重用贤能之人,则奸邪小人自然被排挤;小人得势之日,就是贤能之士祸患加身之时。

不管是下疑上,还是下贵上,都有可能发展为以下犯上。

以不正确的态度和做法对待贤能贤德之人,就是给自己事业的发展设置障碍。

鼓励荐贤、举贤之举,更要有聚贤、容贤之胸怀。

让尊贤、学贤、思贤成为一种习惯。

牺牲众人利益而为极少数人谋利的举措，最终必然导致众人离散。

坚定不移地维护绝大多数人的利益，是凝聚人心的基础。

一定要把害群之马从组织团队中清理出去。